認知症になる僕たちへ

Ninchisho-ni-naru-Bokutachi-he……

和田行男
Wada Yukio

中央法規

この本を開いてくれたみなさん
この本を開いてくれてありがとう
この本は「認知症ケア」の本ではありません
この本はいわゆる「介護」の本でもありません
人が生きていくということを支えるとは…
和田なりに考えてきた過去と
和田なりに考えている今の
一端を書きとめた本です
あらためて一緒に考えてみませんか
人が人として生きることを
人が人として支える・支え合うということについて
よかったら読んでみてください
読んで聞かせてください

蒸気機関車の終幕と介護

煙を吐き、蒸気を吐き、汽笛を響かせ、鉄の塊がまるで生きているかのように大地をかけめぐる蒸気機関車。その姿を追いかけて日本全国を駆け巡った学生時代。

鉄の塊でしかない蒸気機関車だが、たくさんの人や荷物を乗せて走ることができるのは、精巧に作られた工業製品に栄養と人のかかわりが加わるからに他ならない。

蒸気機関車の栄養源は水と石炭だ。蒸気機関車の胴体の内側には水管がたくさん張り巡らされている。蒸気機関車には操縦する機関士と通称〝釜炊き〟の機関助手が乗り込むが、この助手が石炭を胴体に放り込み、燃焼させた熱で水管内の水を沸騰させ、発生した蒸気を動力にして動輪を回し、前後進させるという仕組みである。機関士は助手と連携してその日の機関車の状態を見極めながら、機嫌よく走るように手立てを打ち、活き活きとさせる職人なのだ。

まるで生き物のように振る舞う蒸気機関車の姿も、人がかかわらなくなり栄養が切れ、動きが止まるとたちまちボロボロに朽ち果て、錆だらけの鉄くずの姿に変わっていく。人も同じである。

人として最期まで活き活きと生きる姿を追いかけていきたい。『大逆転の痴呆ケア』は、ここからのスタートである。

2007年3月5日

認知症になる僕たちへ♥目次

生きること放棄

パチンコおばちゃん

婆さんの〝こころ模様〟に学ぶ

婆さんへの手紙

フロク

〝安心して〟認知症になれる？

装幀♥日下充典
本文デザイン♥KUSAKAHOUSE
イラスト♥吉村百代

認知症になる僕たちへ

恋するキモチ

谷川に濯ぐ一滴のしずく

数年前、テレビを通じて、精神病院で腰に鎖を巻かれ鉄の錘を付けられている人の姿が映し出され唖然としたことがあったが、つい最近も、東京近郊のある施設に入所している人の〝すさまじい映像〟が全国に流れた。

手錠をかけられている人、檻のついた犬小屋の中にたたずんでいる人…。しかもインタビューに答えている責任者に当たる人は、檻に入れたのではなく、置いていた檻に自分から入っていったと言うではないか。「未だにこんなことが平気でされてるんや」と愕然とした。

2年前、石川県のグループホームで職員が入居者を殺害する事件が引き起こされたが、世間の話題から消えようとしている。この〝すさまじい映像〟も石川の事件も、根っこに流れているものは同じであるが、大事なことは信濃川や揚子江などの大河も、元は谷川に灌《そそ》ぐ一滴のしずくだということだ。

事務室で仕事をしているとスタッフが戻ってきた。スタッフ同士で利用者の話をしているが、利用者A氏はAさんと呼び、B氏はBと呼び捨てにし、C氏のことは名前にチャンづけで呼んでいた。僕がスタッフに聞いた。「何でA氏はAさんで、B氏は呼び捨てで、C氏は名前にチャンづけなんや?」と。

スタッフたちは困惑し答えられなかったが、明らかにA氏・B氏・C氏に対する、スタッフ自身の思いようが映し出されていた。A氏に特別な感情はないが、B氏には嫌いだといったようなマイナスの感情、C氏には可愛いといったプラスの感情をもっている。事務室だからこそ無防備に自分自身の感情がそのまま利用者の呼び方に出てしまっているのだが、それこそが選別であり、虐待の始まりなのである。その流れこそが石川県の殺人事件に行き着くことを決して忘れてはならない。

［2007年3月12日］

＊文末の日付は、ブログ掲載日です（以下同）。

恋するキモチ

ある市民向けの講演会で、「みなさん、認知症になることを怖がってびくびく生きるよりも、脳に良い生き方をしましょう」と話し、その中で高齢期に入っても「恋をしよう」と呼びかけた。

これは、『大逆転の痴呆ケア』にも寄稿してくれた大脳生理学者の大島清さん（京都大学名誉教授）の言葉を拝借したものと説明をして「これは偉い先生のお言葉だ」と箔をつけた。

講演が終わって食事を済ませ、食事会場でやっていた美術展を眺めていると、ひとりの年配の女性が僕を見つけて近づいてきた。その女性は友人と一緒に講演会に来てくれていたようで、友人から隠れるように話し始めた。

「せんせい、さきほどはどうしても質問できなかったのですが…」と恥ずかしそうに切り出し、「実は77歳の男性から、こんな私なのに『可愛いよ』って言われ、誕生日にプレゼントまでもらったの。私は彼に会えるのがとても楽しみで、ドキドキするんです。せんせいは年をとっても恋をしよう！　って言ってくれたけど、いいんだよね、恋していいんだよね。誰にも言えないし聞けなかったの」って。

僕は思わず「いいんや。裸になって抱き合ったっていいんや。何にも恥ずかしいことなんかやないで。ステキなことやんか」と言った。

すると彼女は嬉しそうに、僕の手をぎゅっと握って「せんせい、ありがとう。ありがとう」って。

僕は久しぶりに、なんとも言えない心地よさに涙があふれた。

［3月19日］

主人公は認知症を目指していない「あ・な・た」

いつも研修会等で「子供の頃に大きくなったら自分のことはできるだけ他人にしてもらいなさいって教わった人、教えてきた人はいますか？」って問いかけてきたが、ひとりもそんな人に出会ったことがない。

また「さいごのさいごまで自分のことが自分でできて、コロッと死ねたらいいなって思っている人は」って問いかけると、圧倒的多数の人が手を上げる。

続いて「そう願っている皆さんが認知症になり要介護状態になるんです」って返すと、どっとあるいはクスクスと笑うのだ。

さらに「なぜ自分は笑ったのか、なぜ隣の人は笑ったのか、考えてみてください」って投げかけ、僕なりに、笑う理由を二つみんなに提示する。

ひとつは「そう言われればそうよね」と思わず笑ってしまった人。もうひとつは「そんなはずはないわよ」と、あくまで他人事のように思って苦虫つぶしている人の苦笑いではないかと言うと、何となくうなずき笑いしてくれる。

どっちの組でもいいのだが、認知症や要介護状態を考えるとき、語るときに忘れてはならないことは、誰もが「さいごのさいごまで自分のことが自分でできてコロッと死ねたらいいいな」と願っているのにその願いとは裏腹に認知症になり、要介護状態になるということだ。

つまり人は、自分のことが自分でできなくなることを望み、認知症になることを目標に生き、要介護状態になることを目標にもしていない。将来はデイサービスに通える状態になりたいなんて願って生きている人はいないだろう。そんなことを願っていない僕が・あなたが認知症になっていくし、要介護状態になっていくということだ。

あわせて、なりたい人がなるわけでもなく、なりたくない人がならないわけでもなく、なりたくてなれるものでもない。コントロールできないのである。

一般的な人の姿で生きているあなた自身が、あなたの願いとは裏腹に認知症の主人公となり、一般的な人の姿で生きていけなくなるのだ。

それが認知症を考えるとき・語るときに一番大事な入口なんだということを、決して忘れてはならない。

〔3月26日〕

専門性が矛盾の種

認知症〝ブーム〟の陰で見えること

認知症が、ある意味〝社会現象〟といえるほど関心を集めている。テレビや新聞、雑誌などのメディアでは連日のように関連番組・記事が世の中に発信され、映画をつくればヒットするし、脳に良いとされるゲームやパズル、鍛錬・訓練ものが売れている。認知症に関連する○○士などといった資格めいたものに、たくさんの人たちが応募するようだ。その意味では、かつてＩＴ産業、いまや認知症ビジネス花盛りといったところか。

ところがこれほど認知症のことがとりざたされ、行政もお金を出して研修をバンバンやっているのに、専門職たちの研修会で「認知症ってなに？　って聞かれたら何と答えますか」と問いかけると、多くの専門職たちから薄笑いがこぼれ「えーっ」「困ったなー」という表情が見られる。

実際に答えてもらうと、みんなバラバラな答え。そればかりか、多くの人は「記憶障害がある」「できていたことができなくなる」「いろんなことがわからなくなって生活に障害がでる」「精神症状や問題行動がみられる」といったような現象だけを語る。

たとえば僕が皆さんの施設に行って「あの婆さん、なんで歩いてるの？」って聞いたとする。すると「徘徊しているんです」という答えが返ってくる。僕が「徘徊とは目的もなく歩き回る行為を言うんやけど、あの婆さんは目的もなく歩き回ってるんや、なんで？」ってさらに聞くと「認知症なんです」と返ってくる。

つまり認知症という診断がついている人が歩きまわることは精神症状からであって、それに目的はないんだ。だから「何で歩いているか」なんて考えることは不要。歩いているのは、認知症の症状である徘徊＝目的もなく歩いているということで留めてしまい、歩いているホントの理由を探ろうともしないのと同じである。

一番大事な「なぜ」「何でそうなんか」を省いてしまっているのだ。

これは現場の専門職の問題というよりも、学者・研究者・医師・行政、それに僕のように人前で語る（書く）人間が「認知症とは」を語るとき書くときに、みんなバラバラな言い方をするから、何回も「認知症とは」を聞いたり読んでも記憶化されないのではないかと僕は思っている。

全国に170万人、早々に350万人にもなろうという認知症。国民は戦々恐々の思いで認知症を知りたがっている。せめて専門職に聞けば、誰に聞いても「認知症と

は、原因はこうで、こういうような状態をいう」と答えられるようにしたいものだ。

とても基本的で大事なことが語られないまま、考えられないまま〝認知症ブーム〟になっていることを危惧しているのは、僕だけだろうか。


【4月2日】

*「婆さん」とは、筆者にとっては認知症のある人の総称を指す尊びの言葉です。

自分のことが自分でできるってステキなこと…のはず

「右手を上げてくださーい」「左手を上げてくださーい」「鼻をつまんでくださーい」…研修会や講演会で必ず受講者にやっていただくが、さすがに誰もができる。

その受講者に、「右手がどっちで左手がどっちか、いつからわかるようになった」「上げてごらんと言われて上げられるようになったのはいつから」と問いかけると、みんな困ってしまう。

ハテさて、いつからわかるようになったのか、いつからできるようになったのか。きっと世の中の多くの人は、今できていること、わかっていることの一つひとつが、いつからできるようになったのか、わかるようになったのかなんて憶えてはいないだろう。

だけどたったひとつだけ、一般的な状態としてみんなに共通していることがある。それは今できていること・わかっていることのほとんどが、産まれたときは、できなかった・わからなかったということだ。つまり、僕らが今できていること、わかっていることは、できるようになり、わかるようになったということである。

続けて受講者のみなさんに「今できていることがたくさんあり、わかっていることがたくさんあるが、それってステキなことだと、いつも思って生きている人はいますか？」って問いかけると、ほとんどの人は手を上げない。

それは「できること・わかること」を当たり前のことととして捉えているからに他ならないからであり、いちいちそのことをステキなことだなんて思わないのだ。

だから、自分のことが自分でできていることはずっと最期までできるように、できないかどうか見極めてできるように取り戻していこうなんていう発想ではなくて、「お客様だからしてあげるのが当たり前」「お年寄りだから敬いの気持ちで、してさしあげるべき」なんていう介護観になってしまうのではないか。

もしも「できること・わかること」がステキなことだと思えていたら、婆さんが「できること・わかること」だってステキだと思えるし、できていることはでき続けられるように応援したくなり、できなくなっていることは本当にできないのかどうか見極めて、できるように取り戻すことを大事にするはずだ。

骨折して右手を三角巾でぶら下げて研修に来てくれていた人がいたので聞いてみたら「右手が自由に使えて『できる』ってステキなことだと思えています」と語ってくれたが、自分の意思を行動に移してやりとげることができるって、とってもステキなことなのである。

できることまで奪ってしまったり、取り戻そうともしないで「してあげるは福祉の心」なんて語っているとしたら、どんなに福祉面《づら》をしていても、自分のことが自分でできている人間の驕《おご》りでしかないのではないか。

［4月9日］

専門性が矛盾の種

おっちょこちょいの僕は、研修の依頼があると、どんな内容でどんな事業者かを確認もしないでOKしてしまう。ある事業者からの依頼があり、日程だけを確認して行くことにした。後にそこのパンフレットが送られてきたのだが、何と有料老人ホームだった。

いろいろなところから呼んでもらうが、有料老人ホームから研修の依頼があったのは過去に2度だけ。それもそのはず、多くの有料老人ホームは「ホテル型」であるが、僕が目指しているのは「湯治場《とうじば》型」だから、縁があるわけがない。

年配の方にはピンとくると思うが、若年者は湯治場を知らないから話が通じないかもしれない。僕の言うホテル型というのは、日常生活を離れてホテルに来た客に対し、日常を切り離していかに客の要望に応えるかを目指すところ。それに対して湯治場型

は、温泉湯を目指して住む場所を移すが、食事も自炊方式で基本的に身の回りのことは自分で行うところである。ここで誤解しないでほしいのだが、自炊＝食事を作るにこだわっているのではなく、自分のことは自分で行うということが日常生活と基本的に変わらないということだ。

さて本題に戻ると、その研修会で職員からこういう質問がきた。

「ご利用者様、ご家族の言われるとおりにしてきました。ところがそうしているうちに、どんどんレベルダウン（わかりやすく和田の言葉にかえました）してきたのを感じるのですが、どうしたらいいでしょうか」と。

読者のみんなが僕なら、どう答える？

僕は「あんな、ここの法人はそれでいいと言ってるんやろ。利用者や家族の意思や気持ちに応じることを目指してきたんやろ。意思や気持ちに応じているだけでは、その人ができていることもできなくなるなんて予測する専門性を発揮したら、ここではやっていけへんで。みんな〝お女中〟でいいって言われてるんやから。〝お女中〟というのは、お金をもらったら払ってくれた人が望むことをするんやろ。ここでは求められていることがそれやねんから、それに矛盾を感じたら、ここでは働けなくなるで」って答えた。

研修会のあと幹部たちから、これを機に〝自分たちの仕事〟について考え直してみようという声が聞こえた。風が吹き始めたということか。

きっと数年先には「単純ホテル型」から、「いざとなったらホテル付き湯治場型」に変わっていくことだろう。そうなったら消費者にとって商品価値の高い有料老人ホームになるやろな。

［4月16日］

ぼく もうひとりの僕

「国鉄から百八十度違う違う福祉に入った理由は何ですか？」ってよく聞かれる。

僕は子供の頃から国鉄マンになることを夢見て、やっとの思いで夢をかなえたが、国鉄が国鉄であることを放棄しJRになったため退職を決意。次は何をするかと考えた末に福祉の道を選択したその理由である。

１９８２年に「障害者列車ひまわり号」（以下、ひまわり号）という臨時列車が、障害者や家族、ボランティアなど総勢４５０名ほどを乗せて上野⇕日光を走り、大きな反響を呼んだ。

その輪が全国に広がり、当時僕のいた京都でも堀川病院というところが中心になって、翌83年に京都ひまわり号を走らせた。僕はその列車にボランティアの一員として乗り込んで以降、実行委員会事務局長としてかかわりはじめたが、ある年のひまわり号車中でこんなことがあった。

車内を見回っていると、参加者の20代と思われる女性が僕に声をかけてくれた。

「おにいさん、お嫁さんにして」

そばに座っていた母親までが「おにいさんは独身なの？　うちの娘のことどうかしら」ってすすめてくれたのだ。

その時はよくわからないままに応えていたのだが、しばらくしてハタと気づいた。僕という人間は女性から「好きだ」とか「お嫁さんにして」って言われたら、それだけで〝ワクワク・ドキドキ・ウキウキ〟するタイプなのに、その時だけは「お嫁さんにして」っていう言葉が心の中にどうしても入っていかなかったのだ。

一生懸命自分なりに考えたが、その理由はどれだけ考えてもたったひとつで、彼女が障害者・いわゆる知的障害の方だったからに他ならない。僕の中の〝もうひとりの僕〟を感じた瞬間だ。

それまで何度ももうひとりの自分に出会ってはいたが、「ボランティア活動だなんていい格好してるけど、結局は自分の中に、明らかに人を選別している自分がいる」そのことに気づかされたのだ。

国鉄を退職して次に何の仕事をするかという時に、あれこれ迷いはあったが福祉の仕事も悪くないなと考え、福祉の仕事を考え始めたらそのことが思い出された。

でも「若い女性がいる福祉はあかん、またもうひとりの自分に出会ってしまうから、年寄りなら大丈夫」と思い、その道の大先輩を頼って高齢者福祉の門を叩いたのだが、80歳の方から「お嫁さんにして」って言われるとは想像もしていなかった。ハハハ。

未だに自分の中にいる〝なんも人もの自分〟と闘いながら生きているが、少なくとも今の仕事の中では打ち勝ってすすめられているような気がしている。

その闘いこそが、今の僕を動かしている原動力なのかも……。

［4月23日］

生きることと放棄

人として

施設に夫婦で入ってきた。とても仲良しの二人である。しかし残念ながら二人部屋に空きはなく、妻は女性用の二人部屋、夫は男性用の四人部屋に入所。

夫の願いは妻と一緒に寝ることで、毎夜妻の下へ通ってくる。とてもステキな夫婦である。この歳まで夫婦で一緒に寝たいなんて、羨ましいほどの仲の良さだ。

ところが世の中ままならない。妻と同室のBさんはそのことが嫌なのである。Bさんが嫌がるのはごく自然で、主張はごもっともなことだ。

夫は妻と一緒に寝られないことに対して納得がいかないようで、夜になると機嫌が悪くイライラし始めるようだが、その気持ちは痛いほどわかる。

自宅ならば何の問題もないし、ホテルや旅館ならば二人同室で宿泊できるところを探せばいい。ところが介護施設では思うようにはいかない。ショートステイのベッドが空いているところを利用するしか手の打ちようがないのが現実である。

さてここからだ。

施設として、支援の専門職として、このことをどう考えるかである。僕らにできることは限られている。

もっとも大事な基本は、夫婦で一緒に寝たいという望みをどう考えるかだ。「そりゃそうだ」と肯定的に考えるか「わがまま・この歳になってまで」と否定的に考えるかでは、えらい違いである。

次に具体的な手立てであるが、まずは肯定的に考えた場合で考えてみよう。

夫婦が一緒にいられるよう同室にするには、女性用の二人部屋に入っている人（Bさん）を移す手立てがある。この場合にも2つあって、Bさんの承諾なしに行う場合と、Bさんの承諾を得て行う場合だ。もちろん、Bさんの家族も含めたBさんである。

承諾を得られればすんなりと決まるが、得られない場合は施設側が何を優先するかで決まる。

Bさん本人が自己主張できない場合は、施設側の考える優先順位で決まるだろう。なぜなら、夫のイライラ防止を優先させてBさんを強制的に移しても、Bさんに問題が発生しないと判断すれば、全体として〝うまくおさまる〟からに他ならない。

ところがどんなに肯定的に考えても、Bさんが拒むと、強制執行的に居室替えしない限り、ことはカベにぶち当たる。ここが施設側の限界なのだ。

ただ、施設側が肯定的に考えられると、夫が機嫌を悪くしてイライラすることを当たり前のこととして受け止めることができ、支援者として「思うようにしてやれなくて申し訳ない」と考えられ、決してイライラする夫を責めたりはしないだろう。

ところが否定的に考えると、夫の行動はすべてが「問題行動」となる。夫が機嫌を悪くしたりイライラすることを「不穏」なんていう精神症状としての言葉に衣替えさせて着飾り、ひどい場合は向精神薬や睡眠導入剤などの手立てを使って「だまらせてしまう」ことになりかねない。まして怖いのは、そのことを「不穏は本人にとっても辛いことだから、取り除いてあげるための手立てをとってあげた」と、こともなげに言ってしまうことだ。

これは権力者が自分の思いどおりにならない、自分とは違った考え方をもつ人間を、さまざまに正当化された理由づけで、牢獄に閉じ込めたり抹殺することと何ら変わりないことで、人が生きていくことを人が応援する介護の現場でこのようなことが平然と考えられ・実行されているとしたら、人間社会にとって大変危険なことだ。

こんなことがまかり通る社会では、そうした考え方をもち平然と実行する人も自分が同じことをされるようになり、その人が大切にする子供や孫の世代まで、その暗い影は続いていくことを忘れてはならない。

歯止めをかけることができるのは、あなた自身なのである。

［5月1日］

姥捨て・猫捨て　まなびごと

グループホームの裏に米袋が捨てられていた。

職員は何となく嫌な予感をもちながら開けてみると、仔猫が五匹。捨て猫である。まだへその緒がついている。職員はどうしたらよいかと思案した挙げ句、上司である僕に電話をかけてきた。

「みゅうみゅうって啼《な》くんですー」

「そんなー、啼くって云われてもー。そのままにはしとけへんから、とりあえず保護してやって。明日行くから。あと、全社内に連絡を入れて里親を募り」と指示。

翌日現場に行ってみると、段ボール箱の中に仔猫が四匹。一匹は死んだとのこと。傍らには小さな哺乳瓶やミルクが置かれていた。職員たちがペットショップへ走ったようだ。段ボール箱の中には、職員私物のアンカが置かれ、仔猫の親代わりを務める豚のぬいぐるみ（なぜか豚だった）が入っていた。仔猫に関して専門職であるペットショップの店員にアドバイスをもらったとのこと。

「みゅうみゅう」

言葉は通じない。仔猫が望むことはわからない。今どういう状態にあるのかわからない。わからないことだらけの中で、こっちが考えていくしか手はない。

仔猫を発見してからの様子をリーダーが話してくれたのだが、その一生懸命さには泣けた。

「和田さん、よく見ていると〝へその緒〟らしきものがあったんです。それがどうも変なので気になりだしたようで、どうしてよいかわからず思いきって主治医に連絡したんです。夜の9時過ぎでしたが、大丈夫だったでしょうか…」

僕は瞬間的にその医者の顔が思い出され、思わず笑ってしまった。彼女が連絡を入れた医者は、いつでもすっ飛んできてくれる人だ。婆さんのことに一生懸命取り組んでくれ、救急車にだって平気で乗っかって行ってくれる。そんな医者だからこそ仔猫のことで相談できたと、彼女も笑う。

「先生！　仔猫のことなんですが、へその緒はどうしたら…」

「えっ！　仔猫？　ですか…幸い明日訪問しますから」と受け答えしてくれたあと、電話をかけ直してきて「インターネットでいろいろ調べてみるとね…」と、注釈つきでいろいろと教えてくれたそうだ。

翌日訪問に来てくれた医者は、「授乳はどうしていますか」「いろいろな大きさの注射器をもってきました。あまり大きいものは圧があり誤嚥性肺炎を引き起こしますからねー…そんで、注射器をぐるっと回すようにお口に入れてあげてくださいね」医者も仔猫のために一生懸命である。職員から、この医者への信頼度がグッと深まったとの言葉が聞かれた。授乳は4時間ごとに必要とのことで、夜間は夜勤者が担った。里親は職員宅2件が見つかったが、まだ二匹の親が見つかっていなかった（5月7日現在、三匹まで里親が見つかっている）。

動物愛護相談センターに問い合わせると「センターに持ってきた場合、生きていればガス殺します」と聞かされたそうで、職員たちはそんなことはさせまいと必死で取り組んでいたのだ。


僕は仔猫の物語を伝えたかったのではない。このことがまさに〝婆さん支援〟に通じているからだ。

職員たちにとって仔猫のことは未知であり、知らないこと・わからないことだらけ。でも職員たちは、わからないからといって放置したのではなく、状態を見る・見て疑念をもつ・判断する・行動をとる、知っている人を探す・聞く・指示を仰ぐ・連携する、調べる、手を貸してもらう、必要なものは揃える、安定した住処を探す、上司に判断を仰ぐなど、わからないことだらけの中で一生懸命「何とかしてやりたい」その一心で、もてる力の限り行動していたのだ。

生命を尊ぶ気持ちをもって行動する職員や医師、里親たち。それを包み込むように応援する組織（環境）。

仔猫のことで大騒動になっている現場を見ているのに何となくホッとした気分になれたのは、この〝一生懸命さ〟に触れたからだと思う。

僕らは仕事の中でどうだろう。婆さんのこと、家族のこと、そんなこんな事情を察知しながら専門性を活かして知恵を寄せ合い、工夫を凝らしながら「何とかしよう」と、一生懸命に取り組めているだろうか。どっかで追求を緩めていないだろうか。

ショートステイやデイサービスで「面接をしてからでないと本人のことがわからないので、受けられません」と、困っているから申し込みをしてきているのにすぐに利用に結び付ける手立てをとらなかったり、「もう面倒見切れません」と放り出したり、「困った・問題扱い」して動けなくしたり、そんなことになっていないだろうか。

施設の裏壁に「動物を捨てないように　罰金が科せられます　監視カメラあり」と書いた張り紙を張るようにしようと話し合っていた。職員たちはあったかいが、冷静だ。

たかが仔猫騒動、されど仔猫物語。学ぶべきこと大ありである。

[5月7日]

元気を喜べない先進国

ある町の医師から聞いた話である。

Aさんは認知症であり、長男夫婦と同居している。あるときAさんに状態変化が見られたので診察。医師は「このままにしておくと歩けなくなる」と長男夫婦に告げた。

Aさんは自宅内外を四六時中歩き回るため、長男夫婦はやむにやまれず夜間だけは両手・両足をベッド柵に縛っていた。Aさんには3人の息子がいるが、次男夫婦・三男夫婦とも遠方に住んでいるため、本人の状態については全く知らない。

あるとき医師は、本人の今後のことについて息子たちを交えてカンファレンスをすることにした。

医師から現在の状態説明のあと「治療して訓練すれば、歩けるところまでは回復できると考えている」と治療見通しについて説明した。すると次男夫婦、三男夫婦とも笑顔を見せ「お願いします」と答えたが、長男夫婦だけは黙って聞いていた。

話し合いのあと、長男夫婦は悲壮な形相で申し出てきた。

「先生！　歩けないほうが世話していけます。お願いです、治療しないでください。お願いします」

本当は長男夫婦だってそんなことを望んでなんかいないのに、そう言わせてしまうのは、なに？　だれ？

ある講演会で質問がきた。

「私の母は認知症でデイサービスに行っています。おかげさまでデイサービスに行くようになってから元気さを取り戻し、動けるようになりました。ありがたいことだと思っています。でも…元気になったことで動き回るようになり、これまでよりも手間がかかって家族は大変になりました」

相談者は民生委員であり、地域では名の知れた人である。あわせて、他人の目を気にしなくてはいけない土地柄でもあり、親を施設に入れるなんていうことは世間体上も恥ずかしくてできない。デイサービスを使うのが精一杯で、必死の思いで面倒みてきたのだ。

地元の講演会でもあり、よくぞみなさんの前で「大変だ！」と言ってくれたものだが、あとで話を聞くと、体裁をかまっていられないほど限界だったようだ。

世界の先進国といわれてきたわが日本国だが、なにが世界の国々の中で先を進んできたのだろう。工業製品の性能が一番でも国民一人当たりの所得が高くても、親が元気を取り戻していくことを素直に喜べないこの国の現状を、国民のひとりとしてどう考えるか。

先進より潜心が必要なときである。

後日談だが、さっきの民生委員さんには「もうええやん、母ちゃんは専門職に任し」と地元の相談員を交えてアドバイスしたのだが、その後すぐにグループホームへの入居が決まり、母はもちろん彼女も元気さを取り戻し、ボランティア活動なども積極的に取り組んでいるようだ。

僕も相談員も、グループホーム職員も、専門職としての仕事ができたってことかな。

［5月14日］

いのち架け

「わださん、もういいでしょ。死んでもいいでしょ」

彼女の人生をかけた個展で力強いメッセージを聞いた4日後、飲み会に出かける途中で電話を受けた。

彼女の名前は、ちぎり絵作家　青木照代　49歳。

「どないしたんや」

「もう耐えなくていいでしょ。楽になってもいいでしょ。痛みから解放させて。楽にさせて」

彼女は、個展の開催地へ出発する前から身体中に激痛がはしる状態だったが、故郷での初個展ということもあって無理をしたようだ。

東京に戻って受診すると「脊髄に何か悪いものが…このままにしておくと3日の命です。早急に手術を」と医師から告げられたが、手術を拒み、死を選択しようとしていたのだ。

最期の最期に未練が出て、止めてほしかったのか、後押ししてほしかったのか、僕に会いたかったのかはわからないが、自分で電話をかけてきたのだ。

僕に電話してきたときは、死まで残り数十分の時だった。

旦那さんに「どうしてやりたい」って聞くと「少しでも可能性に賭けてやりたい」と言う。旦那さんはその気持ちを何度も彼女に伝えたが、断固として受け入れてくれなかったようだ。

「もう和田さんの言うことしか聞かないから、何とか手術を受け入れるように話してください。お願いします」

旦那さんの気持ちは痛いほど伝わってきた。

医師に聞くと「手術をしたとしても原因がつかめるかどうかはわからない。原因がわかって治療を開始しても、その先どうなるかはわからない」と言うので「全身が障害に侵されて動けなくなる可能性もあるのか」と聞き返すと「そうだ」と言われた。

彼女にとって、動けなくなることは死よりもつらいこと。そのことは旦那も僕も十二分にわかっている。

「時間の猶予はどのくらいあるのか」と聞くと、医師からは「もうない」と告げられた。

「自分にどこまでできるかわからないがやってみます」と旦那さんと医師に告げ、

僕なりに自信をもって彼女の枕元へ引き返した。

「俺はどっちでもいいと思う。このまま死んでいくのもいいやろうし、それもあなたの人生や」

「そうよね、私の人生だものね」

「旦那さんは、少しでも可能性に賭けたいと言ってくれてるで」

「……」

彼女と話しているうちに、さっきの自信はどこかに消え失せた。僕のなかに〝このまま死なせてやりたい〟と弱音がよぎったのだ。

「な、手術を受けよ」

と言って握手を求めるも、彼女は拒んだ。所詮《しょせん》僕は他人。彼女の痛みや苦しみなんてわかりっこないことは百も承知している。旦那と二人、彼女を傍観するだけで精一杯だった。もう万事休すかなと思った次の瞬間、「私の人生なんていいこと何にもなかったわ」と彼女が吐いた。

この言葉にはカチンときた。

この言葉が弱気になっていた僕を奮い立たせた。

「何言ってんねん。パーキンソンになって良かったやろって俺が聞いたら、本当にそう思えるようになってきたって言ってたやないか。お陰でたくさんの人に知り合えたって喜んでたやないか。ここまで支えてくれた旦那にも会えたし、俺にだって会えたやろ。それでもそんなこと思いながら死んでいくんか、お前は」

怒った。泣けた。腹が立つほどに泪があふれてきた。

今では、どれほどの時間、どんな会話をしたか全く思い出せない。こんな話だったかどうかも彼女の証言?から憶測で書いているが、最期に「人生、何もいいことなんかなかった」と思いながら死んでいこうとする彼女の心に必死に食い下がったことだけは事実である。

「な、また可能性にかけよ。あの時のように投げやらないで可能性にかけてみよ」

「あの時」とは、「自分ほど不幸な人間はいない、死んでしまいたい。何もしてくれない旦那とは別れてしまいたい」と逃げ回っていた8年前のこと。

保健師の紹介で、クリニックの相談員をしていた僕に出会い、老人デイケアを併設したクリニックの難病リハビリに来るようになって、障害を負いながらも人生を投げないで必死に生きる年寄りたちに出会い、ちぎり絵に出会い、仲間を感じられるようになったことで新しい友人ができ、旦那に感謝できる心に出会い、人として生き返った時のことである。

激痛に必死に耐えながら、震える身体を押さえ込みながら、最期の闘いに挑む彼女に、なすすべもなくただ心に食らいつくしかできない無力さに悔しさがこみ上げるが、僕も負けられない。

「手術を受けるか」

そう言ってもういちど手を差し出した。僕にとって最後の一手だった。

しばらく彼女は戸惑っていたが、僕の手を握り返してくれたのだ。

彼女は未来に命を架けた。何が待ち受けているかわからない未来だが、命を架けた。

彼女の容態は一進一退。パーキンソン病と闘いながら作品作りを生きがいに、旦那と二人三脚の闘いは、まだまだ続いている。

彼女と出会って9年、僕にできることは「応援」ぐらいのことだが、それぐらいならこれからもできそうな気がしている。

[5月21日]

♥追伸

今月初めにお伝えした仔猫ちゃんその後についてですが、おかげさまで四匹とも里親が見つかり、引き取られていきました。ご報告まで。

＊関連：一一三ページ「パーキンソン病のお陰」

生きること放棄

あるグループホームの婆さんが食べなくなった。全く食べようとしない。言葉が通じないため本人に聞く訳にもいかない。食べ物に工夫を凝らすなどいろいろと試みるも効果がない。

家族の意向を確認した上で病院へ。当然のように点滴を受け、3日入院した後に戻ってきた。

戻ってきてからは徐々に食欲を取り戻し食べるようになった。ということは、機能に異常があったわけでもない。

食べなくなった前の状況を記録や記憶をひっくり返して検証してみると、意外なことが見えてきた。

この婆さんは孫が大好きなのだが、ある時を境に娘が孫を連れて来なくなり、時を同じくして食べなくなったことに辿りついたのだ。

ある人が骨折して入院。自宅に戻る前に老人保健施設にやってきた。施設での訓練が功を奏して歩けるようにまで快復したが、完全な状態ではない。家族は自宅に戻る前に、トイレに連れて行くのが大変だから紙パンツに慣らしてほしいと言うが、本人は絶対に嫌だと拒んだため、家族と本人と施設側で話し合って失禁パンツで折り合いをつけ、自宅に戻ることになった。

退所後自宅に戻ってから、その人は人が変わったように家族に対して手を振りかざすようになり、デイサービスを利用し始めたが、入所中とはうって変わって表情はなく無口になり、食欲が低下していった。

その後再入所したが、初めて施設入所した時の様子とは別人のように、職員にも手を振りかざすようになり、初めて入所してきた時から4か月後には全く食事を摂らなくなり、点滴も拒んだ。

職員たちは「なんでやろ」と思案し、改めて原点に立ち戻って本人の話を聞くことが大事ではないかといろいろと試みた結果、「どうせ家族は俺のことを見捨てたんだろ」と胸の内を語ってくれたのだ。

彼はこの日の告白以来心を開き始め、「○○が食べたい」と言ってくれるようになった。

こうしたことはどこの現場でもあると思うが、僕は本人の身体の状態に問題がないのに食べなくなった時には、「生きることをやめたんやわ」と考え、何でそうなったのかを探っていく。

どこまで探っても本当のことはわからないし、「だろうとか、そうじゃないか」程度のところにしか行き着けないが、人が生きていくことを下支えしているのは、知的な能力や身体の能力だけでなく〝こころ〟があること、そのこころを取り巻く環境があること、その環境の一員に自分がいることを忘れずに支援していきたいものである。［5月28日］

パチンコおばちゃん

人は見かけや肩書きに惑わされやすい

人は見かけや肩書きに惑わされやすい生き物だ。

その人の格好だけでその人のことを自分勝手に判断したり、肩書きで判断したりすることが多々ある。隣の同僚が言っていることには耳を傾けようとしないが、同じことを著名人や学者が言ったりすると、無抵抗にそのまま受け入れたりする。いつも講演会などで話す一節だが、かく言う僕もその一人だ。

東京都グループホーム連絡会主催「認知症になっても町を闊歩する集い」という会

に来てくれた佐藤さん。彼は自ら「僕はアルツハイマーです」と参加者の前で発言してくれた人だが、僕には自分よりも若く見えたので「佐藤君」と呼んでいた。

その後、僕が出演しているトークライブ［*］にも来てくれたのだが、彼からガツンと頭をなぐられるような言葉をいただいた。

「和田さん、僕はあなたより年上です。気になっていましたが、僕に向かって佐藤くんは失礼じゃないですか」

「えっ、いくつだったんですか」

「和田さんよりひとつ年上です」

「すみません……（絶句）」

つい僕よりも若く見えたというだけで、本人に聞きもしないで〝君づけ〟で呼んでしまっていたのだ。気をつけているつもりでも、つい自分の素が出てしまう。

また逆に、僕がそういうふうに見られることもある。

講演会で話に行くときも、僕はジーンズにTシャツ姿。建物の入口付近で関係者らしき人がいても、声をかけてもらえることはまずない。会場の受付に行って「あのー」と声をかけると「受付はまだですから、そちらでお待ちください」って言われることが多い。

いつぞや行政職員の研修会では、お互いにずっと傍にいながら待ち合わせが続き、主催者から電話がかかってきたので電話に出たら、傍の女性だったということもあった。

講師とはこういう格好をしている人だと思い込んでいることから起こってしまうことなのだろうが、いつも「失礼なことをして、すみませんでした」と謝られ、僕のほうが恐縮してしまう。

こんなことは日常的にいっぱいあるが、認知症の捉え方や認知症に伴う支援のあり方さえも、人を見かけや肩書きで判断しやすい流れの中にあるように思える。

認知症という肩書きがくっついていると、その人のことを知ろうともしないで〝認知症のひと〟にしてしまい、「認知症の人は……」なんて、ひとくくりで語られている。

何ができるのかできないのか、何を感じているのか考えているのか。そんなことは何も知ろうともしないで、認知症の人はこうだああだと決めつけてしまうのである。

十数年前、新設のデイサービスセンターを見学に行ったときに、そこの責任者が自慢げに案内してくれたデイルームは、安全のためにという理由で最新の施錠装置がつき、部屋の中には物が置かれていなかった。

認知症＝何もかもできなくなった・わからなくなった人＝収容、提供・保護する状態という捉え方しかできなかった当時の専門職を責めることはできないが、今でも変わらない考え方がはびこっているのではないだろうか。

見かけや肩書きで判断するだけなら、知ろうともしない素人でもできる。僕らは専門職だ。見かけや肩書きに惑わされることなく、認知症のことを知り、理解し、その人のことをしっかりと知るということから応援していこうではないか。

［6月4日］

＊2006年10月から07年6月まで行われた、「和田行男の認知症トークライブ in 渋谷　語ろう。認知症と……!」。毎回第一級の研究者・専門職らを迎え、認知症について縦横無尽に語り合った。

パチンコおばちゃん

おばちゃんは88歳。知人のお宅で初めて会った。33年前に旦那さんを看取り、それからはひとり暮らし。ひとり娘がいるが、遠方に住んでいる。

このおばちゃんの趣味はパチンコ。かれこれ60年近くになるという。戦後すぐからはじめた老舗のパチンコ打ち、生粋のパチンコファンだ。当時のパチンコ台は今から見れば子供のおもちゃだったと笑う。毎日のようにパチンコ屋に昼から出かけて行って最終までやりきるそうで、素朴に質問してみた。

「そんなに好きなパチンコやのに、何で朝から行かへんの?」

「午前中に打った人が玉を積んでくれているんで、午後からは出やすい」と研究熱心な一面をみせてくれた。話の合間にも「午前中には出ませんからね」と繰り返し言う。只者ではない。

パチンコに行っても仲間はつくらず、一心不乱集中して打つそうだ。88歳で凄い集中力である。「おかげで呆けないですんでます」と笑っては、同じ話をしてくれる。好みはスロットマシン。「儲かってまっか」と聞くと「トータルでは多少損しているが、何をしても多少は金かかりますから」と平然としたもの。

おばちゃんは他人の世話になるどころか、パチンコの合間に畑仕事をし、収穫したサニーレタスを老人施設まで運んで持っていくこともある。また遠方の親類を見舞いに、バスや列車を乗り継いで遠出をすることもある。娘が「お小遣いをせびりに来るのよ」と高笑いするが、これは娘流の親孝行かもしれない。

近隣の移動はバイクとタクシーを使い分けている。でも夜は決してバイクには乗らないなど、リスク管理もバッチリ。

読書が大好きで、農道を歩きながら読んでいたほど。今でも本を読むことは問題なく、面白い本は徹夜してでも読みきる。『大逆転の痴呆ケア』も読んでくれるとか…。「この年になってくると、もうあとわずかだからと身の回りの整理をしはじめている」と言うが「百歳までパチンコしてくださいよ」と返すと「その気にならんとね」と、元気の秘訣をひとこと披露してくれた。

僕はおばちゃんと話をしながらこんなことを描いた。このおばちゃんの移動能力が下がり、仮にデイサービスやデイケア（以下、デイ）に通所することになった時、どうするかなと。

おばちゃんの大好きなことはパチンコ。それが移動能力の低下により、やり遂げることができなくなったわけだが、おばちゃんにしてみれば残念無念なことだ。

僕は支援者として、大好きなパチンコが再びできるように（取り戻せるように）考えるが、その過程でどんなことを考えていくかを書いてみたい。

パチンコをするということを分解すると、「パチンコ屋に行く」と「パチンコを打つ」という二つのことがあることがわかる。そこからデイでできることを考えると、次のような支援策の基本方向が見えてくる。

1♥デイの中でパチンコを打てるようにする
2♥デイからパチンコ屋に行って打つようにする
3♥自宅からパチンコ屋に行ってパチンコを打つ行程のどこに障害があるかを考察して、その障害を取り除き再び自力で行けるようにデイが動く（仕事をする）
4♥あきらめさせる（別の楽しみに切り替える）

僕は、デイに通うことを目標に生きてきた人はいないのだから、誰もがデイに通わない状態が「一般的な状態＝いい状態」だと考えている。だからこの場合も当然のように**3→2→1→4**の順で考え、再びデイに通わないでもいい状態を目指す。

そのために何が必要なことで、その必要なことの中でまずできないことは何かを明確にした上で、できることを追求していく。

はてさて、あなたならどうする？

［6月11日］

やっぱりプロは違う！ ハズなのだが…

あるデイサービスに利用を申し込んだ家族が怒っていた。

その訳は、自分の身内（婆さん）が別のデイサービスに通所したのだが、早々に断られたと言う。

断られた理由はこうだ。

デイサービスで朝の会というのがあって、その時に職員がマイクを使って利用者に向かい「皆さん、おはようございます。今日は○月○日です。…」とやるそうだが、それが流れた途端、その婆さんはドアをドンドンと叩き始めたそうだ。2日目も同じ行動をとったという理由でデイサービスを断られたようだ。

家族は「介護保険料を払っているのに、すぐに断られるようでは何のための保険か」と怒って、このデイサービスの申し込みをしたと言う。

こんな話もある。

デイサービスに通所して1年を経過した家族から「母親は、場所・人かまわず唾を吐く・かけるので、職員の皆さまにご迷惑をおかけしていませんか」と管理者に問い合わせがあったので、その管理者はふつうに「唾を吐いて自分を表現できているなんてステキなことじゃないですか」と答えたそうだ。

それを聞いた家族が、とても安心した様子だったので「おかしいな」と思い、よく聞いてみると、そのデイサービスは3か所目で、前の2か所は利用3か月目で「面倒見切れません」と断ってきたそうだ。

グループホームを利用している入居者家族から「面倒見切れないので出てください」と言われ、どうしたらよいか困っているという相談を受けた。

すぐに空きのあるグループホームを探して事情を説明し、面接に行ってもらった。僕が、面接に行った職員に「何で面倒見切れないと言っているのか、わかったかい」と聞くと「施設側はいろいろと言うのですが、（認知症だからいろいろとあるわけで）何で面倒見切れないのかわからない」という答えが返ってきた。

結果的にグループホームからグループホームへ移って1年になるが、何ら支障はないとのこと。

僕らは専門職だ。違う言い方をすれば〝支援のプロ〟である。さらに言えば、それで飯を食うことができている。もっとえげつない言い方をすれば、人が壊れる（困っている）ことによって成り立っている商売である。

専門職が支援することを放棄してしまったら、自分の仕事を否定しているようなものであり、専門職以外の誰にその人のことを支えろというのか。

おそらく簡単に断るような専門職だって、自分の大切な人が壊れて病院に駆け込んだとき「今日の診療時間は終わりです。明日にしてください」って言われたら「人の命を救うのが医者やろ」って腹を立て、時間外でも病人のために一生懸命してくれた医師には心の底から感謝することだろう。

あるいは病を押しながらも舞台を務めきった役者の「プロ根性」に拍手を送り、美味しいと感じたレストランでは「やっぱりプロの味は違う」と賞賛し、競技で力を出し切った選手たちに感動することだろう。

介護職の待遇が悪すぎるといくら訴えても「やっぱりプロは違う。専門職ってすごい」と言われるような仕事をしない限り介護職への評価は高まらず、国民は税金や保険料を引き上げてまで介護職の待遇改善を支持してはくれないだろう。

メディアに載る派手さはないが、介護・専門職へのこうした国民不信は、もがき苦しむ介護業界にとって、まじめに一生懸命取り組んでいる専門職にとっては、立派な事件である。

［6月18日］

こぼればなし

人は見た目で判断

デイサービスセンターに勤める〝年配の職員〟が、新しく通ってくることになった利用者に名前を名乗り「よろしくお願いします」と挨拶すると、利用者から「あなたは身体のどこが悪いの？」って聞かれた。彼女は機転を利かしたつもりで「身体は丈夫なんですが…」と応えなおすと、その利用者いわく「あー、頭に障害があるの」だって。

しかも制服を着用しないデイサービスセンターのため、利用者が帰路につく時その〝年配の職員〟に「あなたは帰らないの？」って声をかけてくれるそうだ。

先々週のブログで語った「人は見た目で判断する」ということの実例版だ。

年配の職員なので、利用者から見ると同じデイサービス利用者に見えたのだろう。しかも目に入ってくる情報では身体に障害が見当たらないから身体ではなく、目には見えない情報である頭の中が壊れてデイサービスに通うことになったと思ったのだろう。

またこの年配の職員も、制服を着てたらこんな展開にはならなかったのだろう。ここは認知症対応型デイサービスとは違うが、制服がない分いつも同じように見えないから、職員面さえしなかったら利用者風に見える職員は、関係時間が浅いとその「思い込まれ」が続く。

この職員は看護師だが、「制服着ていないし、私が歳をとってるから同じ利用者だと思われるのよ。だからこそ利用者にとっては身近な存在みたいで、いろんなことを話してくれるのよ。いいでしょ」って言ってくれているから、心強い限りだ。

♥困っているのは私じゃない

医師から「何か困っていることはありませんか」と聞かれた友人の婆さん。「私は何も困ってないんですが、周りは困っているみたいです。息子は、私を見る目が変わってきて…」だって。

友人に専門医への受診をすすめ、認知症になったおばあちゃんが受診したときの医師とのやりとりだが、婆さんの言うとおりである。これには嫁である友人も医師も苦笑いしたそうだ。友人の旦那さんにあたる息子は認知症への理解や応じ方にとまどいがあったそうだが、改めて認知症への学びを考えはじめたそうだ。婆さんの正直さが社会（取り巻く環境）を変えていくのだろう。

［6月25日］

婆さんの〝こころ模様〟に学ぶ

看取り図 事情の描き合い

最近、グループホームの職員研修会などで「看取り」について聞かれることが増えてきた。

平成12年の介護保険法施行時から爆発的に増えてきたグループホームだが、平成12年開設のグループホームで現在7年が経過したわけで、看取りへの関心の高まりは、時間を積み上げてきた証ともいえる。

そこで、先般全国認知症グループホーム協会主催のシンポジウムに出演させてもらったときに僕が話したことをまとめたものがあるので、それを2回に分けて掲載する。

利用者不本意

人は誰もが認知症になることを願ってはいないし、グループホームに入居することを願っているわけではないでしょう。その意味では入居者にとってグループホームでの生活は、不本意な状態だということです。また、誰もが最期の最期まで自分のことが自分でできて、コロッと死にたいと思っていると考えるほうが自然ですから、看取りの状態も願ってはいない状態だということです。

つまりグループホームにおける看取りを考えるときには、この2つの点から「誰もが願ってもいない状態なんだ！」ということを認識した上で議論することが大切です。

そう考えると、僕らにとって考えていくことの順番は、本人が願っている状態を維持するために、それを続けられるために何が必要で、どうすれば良いかということが一番大事なことですが、ただそうは言っても、人は壊れるわけですから看取りの議論になるわけです。それが議論のスタート地点です。

事情の〝響き合わせ〟

グループホーム入居者も僕らと同じように自分の事情をもちます。入居者は、自分では願ってもない病気になり、自分のことが自分でできない状態になり、人の手助けをたくさん受けなければならない不本意な状態に陥るのですが、その時に本人の願いから考えれば、グループホームでそのまま暮らし続けたいのか、もしくは一人でもいいから自宅に帰りたいのか、あるいは一人じゃなくて家族のもとに戻りたいのか、あるいは医療機関に行って少しでも延命行為をしてほしいと願うのか、選択肢はいくつかあるわけです。

支援する側にも事情があります。皆さんにも個別の事情があるように家族にも事情があります。また、医療機関にも事情があり、私たち事業者にも事情があるわけです。あわせてグループホーム側の事情にもいくつか種類があって、経営者の事情、現場の事情、管理者の事情もあれば、新人職員にもそれぞれの事情があるわけです。

医療機関の事情という例では、先日グループホーム入居者の調子が悪くなり入院することになりましたが、職員が医療機関に行くと入居者は手を縛られて点滴を受けていました。本人は職員を見かけると「助けてくれよぉ～！　オラは何も悪いことしてねぇだよぉ～！」と言うわけです。職員も「何ということを」と思ったわけですが、両者の言い分ともっともなことではあっても、医療機関には医療機関の事情というものがあるわけです。

そう考えると、私たちグループホームにおける看取り・終末期ケアというのは、本人の願いだけでなく、本人を真ん中において、さまざまにかかわりをもつ人たちの事情を持ち寄って「どう折り合いをつけていくか」というところに行き着くと思うのです。

どんなに本人が自宅に帰りたいと願っても帰せない。家族のもとに帰りたいと願っ

ても、家族には叶えてやれない事情があったりする。僕らがどんなにグループホームで最期まで支援したいと願っていても、それを叶えられない事情がグループホームの中と外にあったりするわけです。中の事情には、看護師が24時間いない、職員配置量に限度がある、職員の経験や気持ちというものもある。外には、24時間を支えてくれる医療機関があるかどうかなど、本人を取り巻く環境は個々の事業所や地域によって違いがあります。

そういった事情の中で、折り合いをつけて考えていくことが、僕はとても大事なことだと考えています。

［次回につづく］　［7月2日］

看取りシステム　ひとで・なし

［前回より］

♥必要に応じて

もう一点はシステムの問題についてです。

日本には医療保険制度があります。これは、人はいつ・どこで・どんな形で壊れるかわからない存在ですから、いつ、どこで、どんな形で壊れても、修理をする仕組みをつくっているということです。だから東京に住んでいる僕が北海道に行って壊れても、沖縄へ行って壊れても、修理することができるわけで、必要なときに必要な分だけ適正な医療が提供されることが保障されているという信頼の中で、僕らは税金や保険料を払っているわけです。

ところがそれが、この国では歪《ゆが》んでいます。自宅に住んでいる場合なら受けられる医療が、グループホームや特別養護老人ホームに入居すると、システムが同じように使えない状況になっています。

訪問看護を例にとると、医師が必要と判断し自宅で受けていた訪問看護が、グループホームに移り住むと受けられなくなる。今回の医療連携体制加算なんていうのは〝まがい物〟で、本人にとって必要に応じて受けられる仕組みになっているわけではありません。選択肢もありません。医療連携体制が制度化されたから良しということではなく、まだ発展途上にあると考えたほうがいいと思っています。

人が壊れる存在である以上、住む場所が自宅であろうと、グループホームであろうと、特養であろうと、必要に応じて医療が受けられるようにするべきです。

また、医療機関側にも適切な医療を必要な分だけ提供しているという信頼性を高めていってほしいし、私たちグループホームの側も、この人にはこれが必要だということをきちんとマネジメントできるようになることが必要だと思います。

ひとで・なしの挑戦

もう一つシステムのことで言えば、人員配置の問題があります。グループホームを例に考えてみましょう。

グループホームの人員配置量は、職員の労働時間を週40時間1日8時間と定めると、9人の入居者に対して、夜間帯を除く日中に24時間分の配置が規準上必要となります。仮に夜間帯を22時~5時（7時間）とすると、24時間（日中）＋7時間（夜間）で1日31時間分配置ということです。これも法律の最低基準に合わせると、週の労働時間の最低基準は32時間であり、夜間帯は入居者18人に対して1人の人員配置でよいとされているので、事業者が最低基準にすればなお人員配置量は下がることを認めた仕組みです。

ということは、24時間を生きる9人の入居者の総時間数216時間（24時間×9人）に対して31時間分の人手しかないわけです。東京の事情でいえば、多くの事業者が1

日40時間分を配置（規準を上回る）して運営していますが、それでも人手は足りないのが実情です。

どんなに職員に思いがあっても、どんなに必要だと思っていても、客観的に支援が必要な状態になっていても、できることには限度があるということです。

しかも認知症という状態の特徴は、いつ・どこで・どんな形で生活に障害が起こるかわからない状態ですから、24時間を通して支えることが必要になってきます。自宅での生活を応援しようと思ったら、人は年間８７６０時間（24時間×３６５日）生き

るわけですから、介護職なら4・3人（8760時間÷2080時間（年間労働時間：40時間×52週））が必要ということになります。それではコスト的にも人手的にもこの国はもたないでしょう。

その意味ではグループホームというシステムは、自宅で暮らし続けたいという本人の願いを除けば、入居者9人総時間数約7万8840時間に対して、多くて8人1万6640時間（2080時間×8人）で支援したとして、自宅で支えていくことに比して費用対効果は高いともいえるわけですが、その分できることに限界があるということです。

その中で僕らにできることは、その限界を知りつつも、必要なことに対して何ができるか、どうすればできるかということを追求することぐらいで、グループホームにおける生活支援とか看取り支援とかを議論する時に、このシステムの限界と専門人材の効果的な活用を相対的に考えていくことが重要だということです。

生活支援に〝死は織り込み済み〟が基本

これからのシステムとして「看取り加算」とか「重度加算」とか、いろいろと言われていますが、その考え方には欠陥があると思います。看取りや重度といわれる状態になってから加算をつけるということは、事業者にとっては看取りや重度の状態をつくるほど収入が増えるという仕組みになってしまうからです。

仮にグループホームに90歳で入ってきた女性入居者ならば、平均寿命からみれば6年分はプラスを生きているわけですから、壊れたり亡くなる確率は高くなるでしょう。学問的には最大寿命は120歳ぐらいだといわれていますから、グループホームに119歳の人が9人入ってきたら、1年後にはみんな死んでしまうということです。

そう考えていくと、暮らしの中で〝死〟はいつ訪れるかわからない。そのいつくるかわからない〝死〟に対して、〝死〟の直前に対してだけ金を払うという仕組みには疑問を感じます。

人が生きることを支える事業なら、看取りの状態にならないために金を使うべきであり、生きるということ（生活）の中に〝死〟を組み込んだ形で考えていくことが大切なのではないでしょうか。

また、グループホーム事業者はグループホームのことしか言わないけれど、特別養護老人ホームにだってたくさんの人が生活をしているわけですから、そこのところもあわせて考えていくことが必要です。

仮に、グループホームで日中時間帯に入居者9人に対して2人の職員配置が最低基準だとしたら、入居者50人の特養なら12人の職員配置が基準になるべきだし、夜間グループホームが18人で1人の夜勤が最低基準だとしたら、50人の特養は3人配置していいわけです。

こんなことは利用者側から考えれば当たり前のことで、自分に対して提供してくれる人手量は、グループホームでも特養でも同じになるべきだ考えるほうが自然です。

そうした点をきちんと議論したうえで、システムをどうするか、負担や人手をどうするかという議論にしていかなければと思います。

看取りは想いだけで語ってはならない

看取りは想いだけで語ってはいけないし、そこだけを抜き取って考えられるものでもありません。また自分のところでできているからといって他でもできるはずだとか、やるべきだというように固定的に考えられるものでもありません。

必要不可欠なバックアップとしての医療を含めて、その人がそこで生きていくことをどう支えられるかということを、国づくりとして、社会づくりとして考えて、切り拓いていく必要があるのではないでしょうか。

［7月9日］

婆さんの"こころ模様"に学ぶ

婆さんは82歳の独居。

洗濯と掃除は自分でできるが、火は使えないようにされている。本人も火は危ないと思えているので、ガス・風呂・暖房など火気類を自分から扱おうとすることはない。ホームヘルパーが毎日入り、昼食と夕食を準備している。朝食はパンなど加工食品を食べている。

排泄で失敗することが徐々に増えてきているが、始末は何とか自分でできている。週3日デイサービスに通っており、その時に入浴している。デイサービスは「温泉がある」と喜んで行っているが、デイサービスとホームヘルプ以外に他人との関係はほとんどない。

毎日のように散歩に出かけているが（本人いわく畑の見回り）、今のところ戻ってこられる。近隣は超高齢化に加えて過疎が急速にすすみ、まちの景色も変わってきた。婆さんは明るくお喋り好きで友人も多かったが、その友人たちも子供の事情で移住（転居・施設入所）したり他界し、散歩に出かけても「知った者」に出会うことはない。婆さんはそのことを寂しく愚痴ることもある。

子供は娘二人。

長女は同じ市内に住んでいるが夫が海外出張のある人。次女は遠方に住んでいる。長女は婆さんが居るときに行くと喧嘩になるので、デイサービスに通っている間に訪ねて、薬のことなどそっと支援している。次女は2～3か月に一度は訪ねている。

今年に入ってから婆さんは、長女のところに連日何度も電話をかけては同じことを喋りまくるようになる。話の内容は最も気がかりなお金のことが中心だ。次女が訪ねて行くと今年の1月時点では次女だとわかっていたが、3月には「あなた誰？」と言うようになる。

二人とも母への想いはたっぷりあるが、急速に変貌していく母親の状態にパニックになっている。特に近くに住む長女は、行けば認知症とわかっていても気の強い母と娘。お互いに譲れない喧嘩になり、連日電話攻勢を受けていることも相俟《あいま》ってヘロヘロ。次女もどうしてよいかわからず、遠くでウロウロするありさま。

本人も昨年あたりから「変になってきている」と自覚と不安があり「一人でさびしい」と漏らすこともあり、子供たちは先のことを考えて、通っているデイサービスの上階にある同系列の有料老人ホームをすでに確保していた。

子供たちとしては、独居で認知症になって（自分たちが）不安であり、本人も寂しがっていることから、ホームに転居してもらいたいと願っている。

ところが本人は「何で家があるのに老人ホームに入らなきゃならないの」と子供たちに反発しているのだ。「ごもっともである」

それも本人の話を聞いているうちにわかってきたのだが、どうもホームヘルパーAから「施設に入ったらもう二度と戻れないよ」と言われたことが、トラウマのよう

になっているようである。

あるとき長女が夫の海外出張についていくことになり、婆さんに一時的にホームを利用してもらうことにした。その時は子供たちでもケアマネでもなく、本人が最も信頼をおいているホームヘルパーBから「たまには温泉にでも行っておいで」と言ってもらえたため、すんなりと利用につなげることができたのだ。

ホーム利用中は、いつも通っているデイサービスに通うこともでき、ケアマネがホームの感想を聞くと「あったかいご飯が食べられて温泉に入れた」と何度も話すほど気に入った様子。利用が終了して自宅に戻るとき、ホームの職員に「うちに帰ると、あったかいご飯が食べられなくなる」と漏らしてもいたようだ。

それでも子供たちやケアマネが改めて聞くと「何で家があるのに老人ホームに入らなきゃならないの」と言うのだ。

ケアマネは子供たちと婆さんの間に入って、「はてさてどうしたものか」と考え込んでしまい相談を受けた。

実はこの話は、非常に似通った二つの実話を僕が一つにした創作なのだが、こんな話は世間にいっぱい転がっている。今回はこれだけの情報の中から専門職としての支援を考えてみたいと思う。

結論的には、**1**♥自宅生活を続ける、**2**♥ホームに転居する、**3**♥自宅とホームの両刀使いでいくという3つの道からの選択となるのだが、ここで大事にしたいことは、どの道をとるかの結論ではなく、婆さんの〝こころ模様〟をどう読み取り、どう考えて、どうすすめるかのプロセスだ。

さて今回はここまでとし、皆からコメントをもらって、僕なりの意見は次の機会に述べさせてもらいたいと思う。

♥**追伸**
今までも皆さんからコメントを寄せてもらっているので、次週は僕からの〝コメントへのコメント〟を述べさせてもらうことにします。いつもありがとう。
［7月16日］

コメントへのコメント

早いもので3月にスタートして寄稿が20回を超えた。途中から、読んでくれた方からコメントを載せてもらえるようになったけど、寄せてもらいっぱなしで申し訳ない。遅ればせながらコメントさせてもらいます。

♥「蒸気機関車の終幕と介護」〔3月5日〕に寄せてくれた質問

〝大空に流れる雲のように〟さんから、「生き生きと自分らしく生きていただくためには、どこから↓どのように↓どこに連携していけばいいのでしょうか」と質問がきている。

これは難しいけど、解きほぐして考えてみよう。

そもそも認知症や難病になって介護が必要な状態とは、そうでない状態に比べて、自分の意思を行動に移す（表現する）ことや、やり遂げることが困難になるということだ。ということは、逆に言えば「じりつの一般的な状態」は、脳や身体が一般的な状態にあり、行動に移すことや、やり遂げることが一般的にできる状態にあるということでもある。

そう考えると僕は現在51歳だが、まだ一般的な状態にあり、大きくいえば他人からの支援を要する状態にはないわけで、条件付きではあっても自分本意で生きている。つまり、自分が自分の意思や気持ちに沿って自分らしく生きることができている状態ともいえる。

しかし、その僕が変化して一般的な状態でなくなり、他人からの支援を必要とする状態になると、その時点で今までと同じように生きる姿を維持することはできなくなる。24時間の中で「自由」に振る舞えたことを自分らしさだと置き換えれば、どんなに支援を受けても、その自分らしさはもう取り戻せないし、僕はそれまでの生き生き感を失うだろう。失うほうが自然である。

しかし、ものは考えようという発想でいえば、そういう状態になって、それまでの自分らしさは取り戻せなくても、脳力によって築いてきた自分らしさなら、脳の全てを失った状態にならない限り、新しい自分らしさを築いていくことは最期まで可能だと考えるほうが客観的である。

そもそも他人から「その人（和田さん）らしい」と言われることに疑問はあるが、自分が自分らしいと思うことには異論はない。つまり支援者である者が、その状態になったことを受けて、僕が僕らしく生きていると実感できるために必要な支援は何かということを導き出すことが専門職の課題だということになる。

そのためには一専門職だけで成し遂げられると考えるのは無理がある。だから家族や他者と他職種と手を組むのだが、その手を組む相手は誰でもよいという訳ではない。つまり、目の前の婆さんにとって、どんな支援が必要であり、それを誰が行うのか。

それが明確になれば、支援してくれる担い手を探して手を組むだけである。

どんなに手を組んで支援しても、本人にとって生き生きと自分らしく生きられていると思えているかどうか、本当のところはわからない。

でも僕らにできることを尽くして、生活の様子を見たときに「たぶん、思えているのではないか」と推し量ることぐらいはできる。それも自分たちだけで量ると狂いやすいから、あるいは狂うから、手を組んだ相手（家族も仲間である）にも聞いて、より客観的な判断の道をとるだけのことだ。

連携だなんて小難しい専門的思考で考えないで「一人ではできないから補い合うために他人と関係をつくる」という一般的普遍思考から考えれば、身近になるのではないか。

♥「生きること放棄」〔5月28日〕に寄せてくれた自虐的感想へ

〝ふがいないケアマネ〟さんから「上に立つ人間のやり方で一職員として反発して行動を起こせない自分に腹立たしい」なんて自虐的なコメントをもらった。

僕は一職員として行動を起こせないほうが「ふつう」かなと思う。だから研修会なんかでも「仲間が大事やで」って話す。その仲間とは上司に立ち向かうための仲間ではなく、婆さんを支援する仲間である。

婆さんを支援するために必要なことは、自分一人では、一職種だけでは、従事者だけでは、一事業所だけではかなわないことだらけだ。だから、行政も、経営者も、家族も、近隣住民も、同業者も、同僚も上司も、みんなが仲間になることが必然的に必要となる。しかもそうして互いの力を出し合わないと、「認知症ケア」はできても「人として生きることを支援する」ことには至れないはずだ。

周りの人たちといっぱい話をすることが大事。…和田さんに会っても解決しないよ。元気ぐらいならあげられるかもしれんけどな。

もう一人〝GH管理者〟さんから「心温まる話ですね」とコメントをいただいた。そう感じられた方は、それはそれで良いと思うが、僕としてはどう考えて紹介したのかコメントさせてもらう。

僕は可能な限り「心抜き」で捉えている。なぜなら、僕がどんな心持ちの人間であろうが、自分の心にぶれることなく考えと実践を追求することが仕事であると考えているからだ。逆に「心込み」で考え実践していたら大きな間違いを起こしていたかも…僕の心はコロコロ変わりやすいことを僕は知っているのだ。

冷たい言い方で申し訳ないが、僕は「心」を感じて紹介した話ではなく、専門職としての追求を感じたから紹介したのだ。つまり僕的には、専門職として困難に挑み一生懸命考え実践して得た結果にたまたま遭遇して、関心をもっただけのことなのだ。

心地よいコメントをいただいたのに…。

こんな見方からでしかコメントしない自分の自分らしさを、自分はとことん追求していきたいし、疲労してその追求力がなくなったときが婆さんの前から去るときと決めている。また懲りずにコメントちょうだいな。

研修会なんかでもそうやけど、2分の質問事項に対して10分も20分も喋るから時間切れ・時間オーバーになってしまう。ブログでも予定どおり？　2回分しかできんかったわ。

これからも引き続いてやりますね。すんません。

［7月23日］

婆さんへの手紙

ぼく もうひとりの僕2

研修会で看取りやリスクについて語った時に「和田さんの死生観の元は…」という質問を受けたので書いてみたい。

学生の頃は、新聞配達をしてお金を貯めては蒸気機関車（以下、機関車たち）を追いかけて全国を旅していた。

僕が追いかけていた時代は、その機関車たちもエネルギー転換施策（石炭から石油へ）の中でその役目を閉じようとしていた頃で、お役御免にされた機関車たちは駅の構内に野ざらしで放置され、錆びて鉄くずと化した。機関車たちの「死」、終わりである。機関車たちには一台一台にナンバーがつけられていた。それは人の名前にあたるもので（玩具の世界でいえば「機関車トーマス」「機関車ヘンリー」のような…）、機関車に携わる国鉄マンや僕ら愛好家にとっては、鉄の塊＝物というよりも、恋人や家族のような情の関係にまで愛着をもつ存在であり、なお「死・別れ」は辛かった。

話は変わるが、時を同じくして好きな女の子にふられた。中学生3年生の淡い恋とはいえ、かなりのショックであった。恋の終わりである。

もうひとつショックな出来事があった。それは、高校に進学してからとても仲良しだった機関車好き3人組の友人2人から突然仲間はずれにされ、ひとりぼっちになったことだ。

この三つのショッキングな出来事は、その後の僕を大きく変えてしまう。つまり〝終わり〟が〝はじまり〟になったのである。

好きな女の子にふられてからも、終幕期を迎えた機関車たちの「最期を看取る」ために旅をしていたが、旅をしながらずっと考えていたことが「死」つまり「終わるということ」についてである。

僕自身が失恋や仲間はずれのショックで死にたいと思っていたわけではなかった

が、「死とはどういうことか、終わるとは」ということを僕なりに一生懸命考えた。

その頃の僕はひとことで言えば、とっても緊張症で内向的だった。

今の僕なら好きな女の子がいれば「彼女のことが好きやねん」ってハッキリ誰にでも言えるが、当時の僕はどこまでも内緒の秘め事にしていた。

今の僕なら自ら手を挙げて自分の主張を述べることができるが、当時の僕なら、そんなことでもしようものなら自滅してショック死しただろう。

今の僕なら答案用紙を受け取ったあとテストの点数が何点だろうが気にもとめず、堂々と開けっぴろげにして歩けるが、当時の僕は答案用紙の点数が書いてある箇所を折り曲げて誰にも見られないように隠すようにして席に戻っていた。もちろんお弁当箱の蓋は立てて、他者から中身が見えないようにして食べていた。

今の僕なら彼女や友達に「うんこしてくるわ」って平気で言えるが、当時の僕は自宅に戻ってしていた。小学校3年生の時、たまらずうんこがしたくなって自宅に走って帰る途中、走りながらうんこを出してしまい半ズボンの裾から落としてしまった経験をもつほどである(実はそれを近所のおばちゃんに見られたことがトラウマになり、半ズボンはつい最近まで履けなかった)。

今の僕ならみんながコーヒーを注文しても、自分ひとりだけ「アイスクリーム」って注文できるが、当時の僕は「みんなと同じでいい」としか言えなかった。

その僕が変わったことを自覚したのは高校2年の終わり頃である。

ずっと2年間にわたって考え続けてきた「死とは、終わりとは…」について、その結論があるとき僕にもハッキリと見えたのだ。

「そうか、人間はみんな死ぬんや」

僕が見つけた結論である。

死は、誰にも等しく在るもの。どんなにお金をもっていようが、どんなに権力をもっ

ていようが、どんな生き方をしようが…人間はみんな死んでしまう。終わりは平等にくるということに気づいたのだ。また、形あるものは壊れると考えるほうが自然だと考えられるようになった。

すると「人は死に向かって生きている」「どう生きようが死はくる」「死はいつどんな形でやってくるか誰にもわからない」「生きるとは死とともにある」などなど、僕の中に今ある「生きること」の源になるような思考がどっとあふれてきた。

すると「今を生きることを大切にしよう」「伝えたいことは明日ではなく、今伝えるようにしよう」「今一生懸命考えて出した結論なら、明日（未来）以降振り返ってダメなものでもステキな結論だ」などなど、自分論の「ものさし」をもつことができたのである。

みんなには「そんな当たり前のことに気づけるのに2年もかかったの」って思われるかもしれないが、2年もかかって気づけたはずなのに、未だに「明日があるさ」なんて気楽に明日回しにする自分がいることや、講演会等で出番を控えた舞台袖で青ざめた顔で緊張している自分がいたり、質問をしようかどうしようか心臓がはちきれんばかりの鼓動を打つなか思い悩んだ挙げ句、決死の思いで手を挙げる自分がいることを考えると、まだ本当の意味で気づけていないのかもしれない。

ただ言えることは、今の僕はいきなりの僕ではなく、51年間生きてきた自分の集大成の僕であり、その僕にも自分を決定づけるかのような出来事を経て、今があるということだ。

小学生の時、文集に「人生は出会い」なんて書いた記憶がある。僕にとって、死を考えるきっかけになった出会いは、まさに僕の人生に大きな影響を与え、今の僕につながっているのである。

［8月6日］

ホームヘルパーの？・？・？に応えて

僕は事例検討会というのが好きではない。苦手だともいえる。なぜなら婆さんのことが〝わからないことだらけ〟だからだ。婆さんに少しの時間でも会えば、何となくイメージできるのだが、見たこともない・話したこともない・情報がない、ないないづくしの中で僕の頭は「考えるに及ばず」と思考してしまうようなのだ。

ある研修会で、ホームヘルパーの方からたくさんの質問を受けたが時間切れ。ブログを使って応えると約束したのでお応えするが、先に述べたように、個別の事例に応えることはできないことをご承知おきいただきたい。

Q ホームヘルパーは利用者と1：1の付き合いで、訪問中のことが他者にわからないので孤独な仕事だと思う。ヘルパーのメンタルケアを考えてほしい。

僕がわからないのは、ホームヘルパーという仕事が、社会的に見て、メンタルケアを付帯整備しなければならないほど〝特殊な仕事〟なのかどうかです。

仕事というのはどの仕事でもそうでしょうが、緊張感や孤独感、そして責任感などがついてまわるのではないでしょうか。その意味ではどの仕事も、メンタル・ダメージを負う可能性をもつ厳しさがあるということです。

僕は国鉄マンでした。電車運転手はたくさんの命を乗せて走っていますが、駅のホームに進入したり通過するときに「誰かが飛び込んでくるのではないか（飛び込み自殺）」というストレスをいつも抱えながら運転していると仲間から聞きました。また世の中には、自分のミスが大きな犠牲につながるような仕事はたくさんあります。

グループホームの夜勤は、認知症の入居者9人（あるいは18人）に対して職員1人という実態で、その不安から退職・離職する者もいるほどです。

メンタル・ケアそのものを否定はしませんが、それを介護保険制度や社会福祉事業の中だけの特殊性としてケアの仕組みを付帯し、そのコストを消費者からとることには、論理的にも実感としても無理があるように思います。おそらく「なんでホームヘルパーだけなの?」と、国民的な合意も得られないでしょう。

メンタル・ダメージは「ある」と「ない」の両面からひとそれぞれ個別に出現する問題です。社会全体の中で医療施設等のカウンセリングなどを整え、個別にケアを受

ける方法が良いのではないでしょうか。もちろん「ある」が出現しやすいと客観的に判断できる仕事があるとしたら、それはケアを付帯的に整える合理的理由があり「仕組み化」しなければならないとは思いますが…。

また法人や事業所が、そういったものを整える必要性を感じて独自に整えるのであれば、それはそれで望ましいこととは思います。専門業者と提携してカウンセリングシステムを整えている企業もあります。

他の仕事と比べて、自分の仕事について「厳しい・辛い・孤独・大変」といった過酷さを主張されることはよくあることですが、それぞれが「自分のことだけ」から物事を考え主張し合うと「自分のことだけ」同士の衝突が起こりかねません。大きな視点から物事をみてみることも必要ではないですか。

Q

アルツハイマー型の認知症が進行している60歳の利用者で、字を書くことがリハビリと思い行うと、漢字を思い出せないと泣き出され困ったことがあった。自分の援助の仕方が悪かったのかなと感じた。

認知症は「できていたことができなくなり、わかっていたことがわからなくなる」

ということであり、できなくなる・わからなくなる過程が本人にはわかっているという特徴をもっているともいえます。そこが大変怖ろしいところでもありますが、僕には想像を絶する状態であり、本人にとってはとても辛く不安で絶望的な毎日であると考えるほうが自然でしょう。また認知症は、自分の意思を行動に移すことができても、やり遂げることができなくなる状態です。

これがこのことを考えていく上での大前提です。文面だけなので細かいことはわかりませんが、この場合でいえば…

♥自分から何かをしようとする＝自分の意思を行動に移そうとすることを、まずは保障する。つまり意思を行動に移せるように支援する。それが支援者としての基本です。

♥保障しつつも、認知症からこういう事態（思い出せない…云々）が起こることを予測して、可能な限り失敗感をもたないで済むように支援していく。つまり、認知症によってやり遂げられない（やり遂げられないかもしれない）状況に至ることを支援者として知っているということです。それが僕らの専門性です。

♥あわせて、たとえ失敗したとしても、それを転換してあげられるように支援をする。つまり本人にとって「できないこと＝辛いこと」という気持ちの固定化につながらないように、支援者として事後策を講じるということです。それが専門職ならではの技です。

このヘルパーさんの場合は、「援助の仕方が悪かった」のではありません。その人が行動に移すことを見守ることはできていますが、認知症という状態にあることを踏まえて、その先のことが予測できていなかった・事前策がなかった・事後策もなかった、つまり「援助そのものがなかった」と考えるべきです。

また、支援者が無策なために一番困っているのはあなたではなく、本人だということも決して忘れないでほしいものです。

Q

嫁は入浴をすすめるが、利用者はその日の気分しだいで拒否される。
家族は無理にでも入るように強制する。
本人の意思も大切だし、家族の気持ちも大事にしたいので困りました。
入浴をしたがらない。家族も困っている。
自分で入るからいいと拒否される。

この質問と同類の質問をよく受けます。ここではどうやったら入浴させることができるかという具体論はさておいて、これをどう考えるかについて、やや質問を膨らませながら考えてみたいと思います。

一般的な状態にあると考えてよい私たち大人の入浴は、自分で「入る・入らない」を決定していますから「納得」があり、「不満」は発生しません。

そのように〝人の視点〟で考えると、認知症があろうがなかろうが、「その日の気分しだいで入る・入らない」という婆さんの話はうなずける話であり、「あんたに言われなくたって自分で入るからいい」というのも当たり前の話だと理解できます。

ところが〝認知症の人という視点〟でみていくと、「わけがわからなくなっている、

言っていることは嘘・間違っている、清潔が大事」だから「お風呂に入れなければ・入れたい・入れてあげたい」。いずれにしても、他人である支援者が一方通行的に「入れる」となるため、人生の主体者である婆さんの「お風呂は入れられものではなく、入るもの」との間に衝突が起こるわけです。

つまり婆さんの言っていることは「人として正論」だということであり、家族も含めて支援者はこの当たり前のことを理解することがとても大切です。

この場合でいえば、支援をする上で大事にしていかなければならないことは…

♥婆さんの言っていることは「人として正論」だと受け止める

♥どうしたら婆さんの「納得」を得た上で入浴することができるか考察・試行錯誤する

♥その中で婆さんにとって「そうか、じゃぁ入るか」と思える必然を見つけ出していく

♥これを毎回ていねいに繰り返していく（積み上げ）

こうした「人を手助けする上で当たり前の思考と実践をきちんとする」ことが大事で、「お風呂の入れ方マニュアル」はないということです。

また2人の質問に共通する拒否という言葉には、「せっかくあんたのことを思って

入浴をすすめてやったのに」という、プロとは思えない支援者の素人的心模様が見え隠れします。これでは専門職とはいえないし、そんな奴からすすめられても、この先のことを思えば〝素っ裸になって入る〟(これが入浴の特殊性＝無防備)気にはなれないでしょう。

しかも社会的に見ると、婆さん支援で飯食ってる専門職から「婆さん！　あんたがわがままなんや」と金払ってる婆さんが責めたてられ、税金で飯食っている公務員から「問題行動」なんて国家的レッテルを貼られ、税金払ってきた婆さんがオタズネ者扱いされているのですから、婆さんにとってはたまったものではありません。

たかが入浴支援・されど入浴支援で、この国の支援は、思想・思考も実践も大きな課題をもっている気がする。どこかで決着させたいねぇ〜。

(ただし、専門職として〝入浴優先＝強制入浴やむなし〟と判断した状況下ではその限りではなく、その場合は「入れた後」に専門性を発揮します。これはまたいつか…。)

[8月13日]

頭がストップ

いつもブログを読んでくれている皆さん、今週は更新がえらい遅れた。ホンマにすんません。

理由は簡単明瞭、頭がストップしてしまったんやわ。

題材はいっぱい描けるんやけど、内容がちっとも浮かんでこない。「こんな時があってもいいやん」なんて開き直っているんやけど、ダメかなぁ。

そこで今週は、全く関係のないことを書きたいと思う。許してください。と書いて瞬く間に30分が経過したけど、やっぱりすすまない。完全に〝原稿描けない・書けない症〟に陥ってしまったようだ。ハァーッ!!　今の時間は夜中の1時50分。

時間だけは正直に絶対値を刻んでいく。こうして僕も死に一歩ずつ近づいているんやわ。

研修会受講者の感想文で時々「声がでか過ぎる」って書かれることがある。電話で喋る声も大きいと、周りで聞いている人からよく言われる。

僕が自分の難聴に気づかされたのは国鉄の入社試験の時やった。それまではそんなこと気にもかけてなかったけど、どっちかの耳がひっかかった。国鉄には何とか入ることができたけど、その時から「自分は難聴なんだ」と意識するようになった。

それ以降、自分の声がでかいこと、テレビやステレオの音量を大きくすることにも気づいた。小さな音量だと楽器の音やトーンの弱い言葉尻などを聞き分けられないのだ。何で気づけたかといえば簡単明瞭で、周りの者から「音がでかい」って言われたからだ。

また事務所にかかってくる電話に出ることからも逃げる。相手はごくフツウに話をしているのだろうが、話し始めや語尾とかが聞き取りにくい。何度も聞き返すのは相手に申し訳ないし、かと言って誰かに伝言するときに「?・?・?」だったでは用を足さない。ならいっそのこと出ないほうがましだと防衛してしまうのだ。

国鉄時代に声のひときわでかい後輩が入ってきたが、こいつも難聴だと後から知った。外から見れば全くフツウ人やから、周りにはわからない。

そんな僕の事情をいちいち説明しないから他人にはわからないだろうが、人には目には見えない事情があることも察知してほしい。僕も他人に対して察知できる人間でありたいと思ってはいる。

また随分少なくはなってきたが、こんな感想文ももらう。

「人前で話すのにジーパンにTシャツは失礼だ」と。

確かに研修会や講演会で話す人はスーツにネクタイ姿の人が多いようには思う。でもよく考えるとわかるが、受講生は僕の服装を見に来たわけではないはず。僕がどんな話をするか、それが一番大事なことではないか。

だとしたら、僕の中にあるものを最大限に出す・伝えることが僕の最大の使命であり、そのことができないことが最も失礼なことだ。だから自分が最もリラックスできる格好と流れと言葉と動きを演出して、僕の話を聞いてくれる人たちに真面目に応えようとしているのだ。

ただでさえ緊張症の僕が、スーツを着て、言葉を選んで、演台の前に立ち、資料に沿って喋ったら、その自分を描いただけで自分の中にあるものを出すどころか緊張しまくり、型の中で窮屈になって、僕のパフォーマンスは下がるばっかりだろう。

随分前に、主催者の求めに応じて一度だけよそ行きの格好（嘘みたいやけどスーツ姿＝当時は一着だけ持っていた）で、提出したレジュメに沿って演台の前で話をすめたことがあるが、想像を絶するボロボロ状況だった。参加者の人たちには本当に申し訳ないことをしたと今でも悔やむ。

もうひとつ思うのは、「人前で話すのにジーパンにTシャツは失礼だ」という受講生は、自分がリラックスできる格好と態度で聞いているのは、どう説明してくれるのだろう。

お互いに体裁ではなく実利あるものでいいと思うのだが、どうだろうか。

夜中の3時10分、やっと書き終えた。おやすみ。

[8月23日]

安心してや！

僕は、あなたの知人になれるでしょう。いや、知人になれるように努めます

僕は、あなたの病気を理解しています。いや、理解できるように努めています

僕は、あなたのことを「知る」努力を怠りません

僕は、あなたがこれまで営んできた〝人としての生活〟を続けていけるように手助けさせてもらう生活支援者です。決して看守・監守ではありません

僕は、あなたを〝奴隷的拘束〟する思想をもっていません。あなたは、法で定められた国民の一人だと認識しています。ただ、あなたは病態によって「一般的な状態ではない」と考えています

僕は、あなたのことをそっと手助けさせてもらいます。あなたが自分でできないことや、わからないことで困ることがあったら、お手伝いします

僕は、あなたのことを「世の人々が暮らしている姿」から遠ざけることのないよう

に努めます
僕は、あなたのことを人として決して裏切りません
あなたの生きていく力を信じています
そしてあなたが元気で寿命をまっとうできるように、手助けさせてもらいます。だから安心して、自分の意思を行動に移してください。表現してくれていいですよ。笑ってばかりでなくていいんですよ
それが人ですから

♥安心しんといてや！

「生きること」の主役はあなた自身です
僕は、あなたの〝お女中〟ではありません。出来うる限り長く、あなた自身が「自分のことが自分で・互いに助け合って・社会とつながって」生きられるように、手助けすることが僕の務めと心得ています
でも安心しないでください
あなたが望まないことを僕は言うでしょう
あなたにとって辛いこともあるでしょう

ケガや病気だって襲ってきます
だってあなたは人として生きているんですから

♥知っておいてな！

この国の仕組みはあなたを支えるには十分とはいえません
僕の想いとは裏腹に「できないことだらけ！」だということも知っておいてください
生きることの中で、何が起こっても不思議ではないことを、僕よりもあなたのほうが、よほどご存知なはず
生きていくことは誰もがたたかいです
何にもできない、何もわからない赤ん坊だってたたかっています
でも僕と出会った以上、決してあなたひとりでは、たたかわせません
僕と僕の仲間が、いつもそっとそばで見護っています。付き添っています。いつでもかけつけます
おせっかいはしませんが、必要な手立ては惜しみなく注ぎます
いつかあなたがこの世を去るまで

♥ちから合わせよな！

僕は、僕ひとりということではありません。一人では何もできないことを、僕自身知っています

僕は僕の仲間と一緒に、あなたを通して、この国のありようを世の人々に投げかけます

たとえ認知症という状態になっても、最期まで人として生きていくことを応援できるように

あなたに続く婆さんのために
願ってもいないのに認知症という状態になっていく人のために
あなたも力を合わせてほしいんです
それが今を生きる僕の・あなたの務めだと、あなたたちに教わりました
僕は生きている限り、力尽くすことをお約束します
たとえ僕自身が認知症になっても
僕を通して世の人々に投げかけ続けていくことを
お約束します

[平成15年度とある研修受講時作成文章のリニューアル版。] [8月27日]

フロク

〝安心して〟認知症になれる？

ばかげたことする人 その「扱い」

厚生労働省は「痴呆」という呼称を変更する検討委員会を立ち上げ、2004年12月に「認知症」へと変更する結論を出し、全国の行政等関係機関に通知した。

僕はこの検討委員会第1回目の会議に参考人として呼ばれ、痴呆呼称が変更されることについて賛成の立場から意見を述べさせてもらった。

介護保険制度により事業化されている痴呆対応型共同生活介護（一般的にはグループホームと呼ばれている）は、認知症対応型共同生活介護となった。医療の世界では痴呆という呼称は残され、アルツハイマー型痴呆などはそのままになっている。今後医学会で議論されていくことだろう［当時］。現に統合失調症の前が精神分裂病で、その前が早発性痴呆ということを考えれば、未来が見えてくる。

僕は、痴呆は2つの意味をもつ言葉であると言い続けてきた。

ひとつは、痴呆とは「原因疾患により脳が器質的に変化し、そのことによって知的能力が衰退し生活に障害をきたした状態」というような医学的な意味で、人によって違った言い回しはするが、痴呆の病態を表わしたものだ。これは言い方は違っているが、専門書や行政パンフレットなどでお目にかかることが多い言葉の意味である。

もうひとつは、「ばかげたことをする人」という意味である。これは専門書にもパンフレットにも出てこない。痴呆にこのような意味があることを知っている人はあまりいなかったように思うし、こういう意味があると人前で語っている人には出会ったことはない。あとでNHKの小宮英美さんが著書で書いていることを本人から聞いて知ったぐらいだ。

痴呆の「痴」は、「しれ・おこ・ち」などと読み、いずれも「ばかな、ばかげたこと」といった意味をもっている。白痴（はくち）、痴者（しれもの＝狼藉者）、痴漢（ちかん＝ばかな男）というように使う。「呆」は、「あきれる、ほうける」といった意味をもち、阿呆（あほう）でよく知られている。

つまり痴呆という言葉は〝バカ〟と〝アホ〟がくっついた最強コンビで、これ以上屈辱的な言葉はないだろう。さすがに社会的には和田流に言えないから、国語辞典には「ばかげたことをする人」と書いてあったが、痴呆老人とは「ばかげたことをする年老いた人」ということである。ちなみに最近注目されている若年性認知症は、認知症へと呼称変更されていなければ、老人ではないので〝痴呆老人〟とはならず〝痴呆人〟と呼ばれていたことだろう。と指摘していたのはおそらく僕だけである（エヘン）。

いずれにしても、人間として非常に侮蔑的な言われ方だ。

呼称が変わった当時は「認知症って呼称についてどう思うか」とか「認知症という呼び方は正確ではないと思うがどうか」とよく質問されたが、「認知症という呼称がどうかよりも、痴呆＝ばかげたことをする人という呼称が人の前にどかっと居座る（痴呆老人）ことがなくなることに意味があるんやで」と答え、合わせてもっと重要なことは、呼ばれ方もさることながら「ばかげたことをする人扱い」されているところに根源の問題があると指摘してきた。

僕は平成6年頃から人前で認知症のことなどを話すようになり、その頃から「痴呆」「扱い」について問題を投げかけてきたが、痴呆と言う（呼ぶ）専門職はいなくなったが「扱い」は未だに変わらず、大きな課題を残していると言える。

その代表格のひとつが、認知症（痴呆）からくる生活障害を問題行動と呼んでいることだ。徘徊・帰宅欲求・介護への抵抗・物盗られ妄想・異食・放尿など、まるでその人そのものが問題人であるかのように言い、その扱いをしている。

胃に潰瘍ができれば痛みがきて、ひどくなれば血を吐くことにもなるだろう。足に白癬菌がつけば痒くなるだろう。包丁で指を切れば血も出る。脳が壊れればこそ前述のようなことが起こるわけで、それを問題視するということは、胃潰瘍で痛んでいること・白癬菌で痒がっていることを問題行動と呼んでいるのと同じなのだ。

結局は周りの人間にとって迷惑な行為・行動を問題行動と呼んでいるに過ぎず、そうすることによって、人として許しがたいことを平気でできる言い訳をつくっているにしか過ぎない。

つまり、問題行動を起こすから縛り付ける・閉じ込める・薬漬けにする・隔離するなど、「非人間的な扱いをしてもいいんだ。決して自分たちが悪いのではなく、問題を起こす婆さんが悪いんだから」とアリバイ工作の道具にしているようなものだ。

もちろん全てを否定しているのではない。むしろ僕は縛り付ける・閉じ込める・薬漬けにする・隔離するなどを肯定的に受けとめている。それは、脳が壊れるのは胃が壊れるのとは訳が違って、認知症は人の姿をどんなふうに変えるか想像もつかない「化け物」だと思っているからだ。人のかかわりだけでなんとかできるほど甘くはなく、きれい事だけで片づけられないことは十二分に承知している。でもそれは、個別の限界点対処法であって、そのことと〝問題行動呼ばわり〟は別物である。

認知症のことを知っている専門職が「バカげたことをする人扱い」「問題行動扱い」するくらいだから、一般の人が認知症に対して誤解や偏見視するのは無理もない。専門職が施設に閉じ込めることに抵抗がないくらいだから、市民が「何をしでかすかわからないから」という理由で婆さんを施設から外に出すなと言うのもわかるし、施設の建設に反対するのもわかる。

またもうひとつの代表格が「できない人扱い」だ。生活行為のほとんどのことを取り上げてしまう社会福祉制度や専門職たち。言葉だけは「尊厳」「生活」「自立」「本位」などが多用され心地良くはなっているが、生活の主体性は奪われたままの姿が目立つ。どこに行っても受動的な姿の婆さんだらけである。

痴呆が認知症に呼称変更されたことで、誰もが語りやすくなってきたように思う。それはとても良かったことであり、素直に〝痴呆老人〟が社会的に抹殺されたことを喜んでいるが、まだまだ社会的にも僕ら専門職にも課題がいっぱい残っている。

みんなと知恵を出し合って、認知症になっても「人として最期まで生きていける社会」にしていきたいと本気で思っている。

思うところで・できることから、「扱い」はやめよう。

パーキンソン病のお陰

死んでしまいたい

まさか、自分より年下の人の面接をするとは思いもしなかった。当時僕は43歳、彼女は41歳。彼女の病名はパーキンソン病。

僕が整形外科の老人デイケア・難病リハビリの相談員をしていた時、知人の保健師に紹介されて彼女の家に会いに行った。

「もう死んでしまいたい」

「それも、いいやろ」

「あんな旦那、さっさと別れたい」

「それは、死ぬよりは簡単やな」

「言いたいことを言うのね」

「それが、取り柄やから」

そんなやりとりでスタートした。

「あなたにわかる?　私の気持ち」

「すまんけど、わからへん」

「何しに来たの?」

「お知り合いになりに」

結婚して間もなくパーキンソン病に侵され、身体が動かなくなっていく不安に怯え、病気を恨み、旦那を恨み、生きることにさえ疑問をもっている彼女の気持ちなど、僕にわかるはずもないが、こっちだって真剣勝負だ。

「一人でぐちゃぐちゃ考えないで、気晴らしと身体のメンテナンスにおいでーな。ただし、あんたみたいな若い人はいいひんで。爺さん婆さんばっかり。痴呆という状態の人もいるけど、びっくりせんといてな」

それから3時間。最初は卑屈で投げやりだった彼女は、やがて堰を切ったように、周囲の人に対する不信感を、本音で語り続けた。次第に薬が切れ、身体に震えが出始めたが、表情は穏やかになり笑顔も見られるようになった。あとから話してくれたことだが、患ってからこの時ほど、人と自然に話せたことはなかったようだ。

「行きたくない時は行かなくてもいい?」

「やりたくないことはやらんでいいで。収容所やないねんから」

生きていきます

それから2か月後、利用者懇談会を開いた。15人が車座になって、日頃の思いを語り合ってもらう会だ。その時、80歳を過ぎたリウマチのAさんが彼女に話しかけた。

「あなたを見てるとね、勇気が湧いてくるの。あなたみたいな若い人が、そんな不自由な身体で人前に出て一生懸命訓練しているのを見ていると、励まされるのよ」

とっさに彼女が応えた。

「何を言っているんですか、それはこっちが言うせりふです。みなさんがこんなに頑張っている姿に触れ、勇気百倍です。死にたい、死にたいといつも思ってきた自分が恥ずかしいです。生きていきます」

それからの彼女は別人。自分のためだけに身体を動かすのではなく、不自由な身体をおして自分よりもずっと年上の利用者の世話を焼き始めた。

「当時は自分のことしか考えられませんでした。自分は不自由なんだからと、他人に世話を求めることを当たり前に考え、私の気持ちをわかってくれないと恨んでさえいました」

主治医も驚いた。意欲を取り戻した彼女の薬が減り、たくましく変わっていったからだ。

「和田さん、念願かなって東京ドームで野球観てきたよ」

自転車にも乗れるようになり、行動範囲も広がった。そんな彼女がちぎり絵を覚え、とりこになる。

「和田さん、写真撮らせて」

撮られた写真がちぎり絵になって、個展で展示された。近所のなじみの店には、彼女の作品が飾ってある。

ちぎり絵を飾る額は、旦那の手製。「別れなくてよかった」二人三脚の作品は200点にもなった。

「和田さん、10万円で売ってほしいって言われたの、ハハハッ」

彼女は今、パーキンソン病の仲間を集めてちぎり絵の教室を開いている。仲間展も開いた。

♥病気に出会えたからこそ

「病気を恨んでたけど、よー考えたらパーキンソン病に出会えてよかったんとちゃうか。あんた自身が変わったから、周りも変わったんやろな」

そう語りかけると、

「ほんとそう。そう思えるようになった。病気の人との出会いをくれて、ちぎり絵にも出会えた。出会いは自分を変えてくれたし、それがすべてパーキンソン病のおかげやと本気で思えるようになったよ。和田さんにも出会えたし、……えへへ」

僕は今「認知症という状態にある人」が「生きる」ことを支援する仕事に携わっている。認知症でもパーキンソン病でも、病気だけを治そうとしても、人は救われない。優しいだけの言葉、立派なだけの建物をとりそろえても、人の生きる力は引き出せな

いのだ。かえって、本来の「人の生きる姿」から遠ざけてしまうことさえある。「患者」という字は、「心に串が突き刺さった者」と書く。人の心に突き刺さった串を抜き去るには、人の心に踏み込む覚悟で臨むことが必要だ。それを彼女が教えてくれた。

活きた寝たきりにしような

つゆこが死んだ!

グループホームのベッドの上で。彼女が一番好きな「寝たまま」で……。

彼女とのお付き合いは、かれこれ6年ぐらい。僕がいた老人保健施設で1年とグループホームで4年。グループホームを退職してからちょっとだけ。

つゆこは、テレビ朝日系「ニュースステーション」で、2001年にグループホームを紹介した特集が放送された中に出てくる婆さんだから、覚えている人もいるかもしれない。うどんの中にデザートのイチゴを入れて食べていた彼女である。

この映像を研修会でビデオ放映すると、このシーンを見て受講者はたいがい笑う。

それは彼女の「とんちんかん」な行動を笑っているのだが、もうちょっとよーく見てもらうと彼女がわかる。

彼女はうどんの中にきちんと等間隔にイチゴを並べているのだが、とんちんかんな中にあってもイチゴの並べ方は美しい。そう彼女は絵が大好きなアーティストなのだ。口数は少なく、何を言っても笑ってうなずくだけ。大富豪の娘で苦労人。昭和初期にアメリカに渡ったハイカラさん。ものぐさで「楽」を好み、歌に絵、お笑いが大好きで、「楽しむ」を知り「可笑《おかし》む」ことのできる人だった。

パンツを頭からかぶったりするなど、「認知症」でとんちんかんなことはいっぱいあったけど、それも「認知症」のせいなのかどうか……他人のことをよーく見ていて、わからないふりをしながら、何でもよーくわかっていた人だった。

そんな彼女との思い出は書ききれないぐらいいっぱいあるけど、一つだけ紹介させてもらう。

大好きなことが止められた

つゆこは、食事を作ることは面倒がったが、食べることは人一倍旺盛だった。その彼女が誤嚥性肺炎を起こして医療の手にかかり、口から食べることを止められ、お腹に穴を開けて栄養剤を注入するハメに。彼女の大きな楽しみ＝生きがいが奪われてしまった。

約1か月後に退院を迫られた。医師からは「別の病院に転院するか、自宅に連れて帰るよう」に言い渡された。「病院では食べる訓練はしてもらえないんですか」って聞くと「そんな危険度の高いことは病院ではしません」と一蹴されてしまった。「危険なことやからこそ医療機関でやったらんかい」関西弁丸出しで詰め寄ったが、ぬかに釘。

家族は「自宅には連れて帰れない。グループホームに戻れないのなら転院させることも仕方がないが、できるなら最期まで……」

家族の思いとは裏腹に、職員からは「常時看護職がいない」ことへの不安や「1人に手をとられて他の人への支援が今までのようにはいかなくなる」懸念など、つゆこへの思いはありつつも、積極的で肯定的な意見ばかりが出されたわけではない。

職員のそんな複雑な心境は理解できた。ぼくの中にも「身体が元気だからこそ寝たきりのつゆこよりも介護に手間がかかり、自宅での生活が困難で、グループホームで生活を組み立て直すことができる人が外にたくさんいるのに」という矛盾もあった。

短い時間しかなかったけれど、医療体制、利用者の金銭負担、建物の構造、職員体制、家族の力など戻れる条件について検討した末に、職員も家族も覚悟を決め、グループホームに戻ることを決めた。

入院した翌日に見舞いに行き、鼻からチューブを通されグッタリと横になった彼女に「つゆこ、もう逝くか（あの世に）」って聞いたら首を横に振って応えた。いつもは何を聞いても首を縦にしか振らない人なのに。翌々日に行ったとき、今度は「つゆこ、迎えに来たか（あの世から）」って聞いたらまた首を横に振り、両手をすーっと僕の顔まで伸ばしてきて、両ほほをポンポンとたたいて応えてくれたのだ。

「つゆこ、まだ生きてたいんやな」僕は彼女にそう語りかけた。

戻ることを決めたのはそれだけではない。入院中に何度か行って、ベッド上で何気なく両足の蹴り上げる力を確認したが、しっかり蹴り飛ばす力が残っていたのだ。

「また歩けるようになるかもしれへん。気持ちも身体も活きてるわ。これまでの蓄えがまだ残ってる」

ホームに戻すことを決めた決定打は、諸々の条件を整えるメドがたったことはもちろんだが、何といっても彼女の「生きる力」を僕自身が肌で感じたからである。

♥大好きなことをあっさりと取り戻した

「たとえ寝たきりになっても、死んだ寝たきりやなく、活きた寝たきりにしような」そんな合言葉で、彼女との新たな闘いが始まった。

ベッド・寝たきりが大好きで、自分のことも他人がしてくれるんだったらそれにこしたことがない超依存思考。そんな彼女だけど、職員とのだまし合いの結果、ベッド上で下肢を動かすことから始め、約1か月後にはつかまり歩行ができるまでに戻った。「口から食べることをいつから始めようか」なんて相談していたら、それに決断を下させるかのように、ご馳走を前にして思わず盗み食いした彼女。あっさり経口摂取も始まった。

退院して2か月後には、往復10時間の温泉ツアーに出かけ御入湯。3か月後には階段昇降ができるようになり、再び「人として生きる姿」を取り戻したのである。

亡くなった時、ベッド上で横たわる彼女に「大塚さん、大塚さん」と声をかける職員たちに、「もうゆっくり寝かせてやってください」と息子たちは言ったそうだ。葬儀も争議もない内々の密葬としのぶ会が催された。

「やることはやった。悲しくはないけど寂しい」しばらくぶりに会った息子の言葉だ。

僕もつい忙しさに翻弄され、大切なことを見失うところだった。
〝婆さんに学び、婆さんに還す〟
享年92歳、つゆこ安らかに。「ほんまありがとう」。

〝専門職〟は何をなすべきか

何から何を学び、何を追求するのか

看護専門学校で非常勤講師として、ちょっとだけ老年看護学の講義をしていたことがあった。「勉強嫌いの僕が教壇に立たせてもらっていいんやろか」と戸惑いながらも、次の時代を担う学生たちに何か感じてほしい一心でお受けした。

〝教科書〟って聞いただけで鳥肌が立つような自分だが、このときばかりは教科書に目を向けざるを得ず、チラチラと眺めさせてもらったが、さすがにいいことが書いてあり自分のほうが勉強になった。

ある日、学生たちに教科書の一文を引用して「『痴呆の老人を人としてとらえること』と書いてあるけど、何でこんな当たり前のことが改めて教科書で強調されていると思

う?」って質問してみた。

学生たちにすれば当たり前のことすぎて、かえって難しい質問だったようで、ごく自然に「当たり前のことだから」というような回答しか聞かれなかった。

意地悪な僕は「あんな、簡単なことやで。みんなの先輩が人として捉えてなかったからやろ」って投げかけた。学生たちには強烈な一言だったようだ。

この教科書では、人として捉えることの大切さは伝えようとしていたが、そこに至ったプロセスには触れていなかった。これまで(いや、今でもかな?)医療や福祉が、「認知症の人」のことを人として捉えていなかったことへの反省や、先駆者たちの実践的な教えの中から、なぜ「人として捉える」ことに行き着いたのか、そもそも「人として捉えることとはどういうことか」までは伝えようとしていないと感じた。

♥「檻の中の人」が何万人もいることが「おかしい」で一致できればこそ変わる

僕自身のことでいえば、国鉄を退職して福祉の世界に飛び込んだばかりの16年前、厚生省(当時)が実施した痴呆性老人処遇技術者研修の実習施設で見た光景が、僕の理屈と実践の源になっている。

四点柵と1メートルくらいの囲いをつけたベッドの真ん中に鎮座する婆さん。動物園の檻に入れられた猛獣が、生気を失い諦めるようにうなだれてジッとしている姿とダブった。

そのことを短絡的に批判するわけではないが、それを「当たり前・しょうがないこと」だと思えば、今の僕には行き着けなかったと思う。幸いなことに、最初に勤めた老人ホームでは考えられない光景を見る機会を得たことで、僕の中の闘いが始まったといっても過言ではない。

実習先の責任者の人に「話をしてもいいですか」って恐る恐る聞いてみると「いい

ですけど気をつけてくださいね」って言われ、またびっくり。「ほんまに猛獣扱いや」と思った。なぜその婆さんがそんな状態に置かれていたかまでは聞けなかったが、その婆さんの傍で「赤とんぼ」の歌をうたったら、かすれるような小声で一緒に口ずさんでくれたのだ。一番驚いていたのはそこの職員たちである。

今でも、「認知症」というだけで建物内に閉じ込められている人が何万人もいる。しかも閉じ込めているのは、教育を受けた〝専門職〟だ。その人たちが、それを申し訳ないと思うでもなく、さも当たり前のことと思っていたら、先人の教えが活きているといえるだろうか。

さらに、施錠された施設の玄関を入ると、壁に飾られた額の中にきれいな文字で「私たちは利用者様の尊厳を大事にします」なんて書いてあるから、他人事とは思えない恥ずかしさを感じてしまうのは、僕だけだろうか。

もちろん、閉じ込めざるを得ない状況があることも承知している。日本の医療・福祉の社会的到達点だから仕方がない面もあり、専門職一人ひとりを責められないとは思うが、「当たり前・しょうがない」と思えば、何も生まれない。その証に、全ての病院・福祉施設が閉じ込めているわけではない。そこの差をどう考えるかが専門職に問われる。

職員たちは好きな格好をして、好きなものを食べ、好きな時間に好きに移動し、一人の人間として自己を表現しているのに、その職員の前にいる婆さんたちは、同じ格好をさせられ、同じものを食べさせられ、好きに移動できず自己を表現できないなんて、おかしくはないか。

仮に「それは現実的には無理」というところまで妥協したとしても、「それはおかしいと思う、いつかは変えたい」と思うところでは一致したい。それが物事を動かす力になり、今を築いていく源で、より人として捉えた時代を築いていく原動力になっていくだろう。

婆さんは自ら切り開けない

僕は「認知症は第二のハンセン氏病状態や」と言っては、認知症への差別や偏見を説いてきた。

あるシンポジウムで、ハンセン氏病の療養所にいた医師から「和田さんは『認知症は第二のハンセン氏病状態だ』と言いましたが、私の知る限りでは認知症のほうがひどい」と聞き、第二のハンセン氏病状態とは言えなくなってしまった。

学生たちには「現場に行って現実を見たら、今日のこの話は通じんやろと思うで。

でも忘れんようにしてな。みんなが現場の長になって権力をもったときには、脳からアウトプットして実践してや」と伝えてきた。

僕らの仕事は、目の前にいる婆さんに何ができるかということだけではないはず。どんな状態に置かれてもただそれに従うしかすべがなく、逃げ出すことも自らの命を落とすこともできない婆さんや家族等とともに、「認知症」になっても人として生きていける世の中へと切り拓いていくことにこそ、専門職としての仕事の本流があるのではないか。

これを説教臭いととるか戯言ととるか、受け止め方は読んでくれた人次第である。あなたの目の前にいる婆さんの生きる姿に、あなた自身は専門職として納得できていますか？

もったいない人間力の廃用

災害時に感じる人間力

札幌に行ったときのことだ。

「運転手さん、こないだの台風は大変やったでしょ」

「すごい台風でしたよ。今でも市内のあちこち街路樹が倒れています。札幌市内は停電で信号機はすべてストップし、警察官が交差点に出て誘導できた箇所はほんのわずかで、ほとんどの交差点は信号機なしの状態だったんですよ」

「運転手さん、僕も京都で経験があるけど、案外そのほうが互いに譲り合ってスムーズやったんとちがいますか?」

「お客さんの言うとおりでしたよ。さすがにいつもより車も少なかったですけど、みんな気をつけて譲り合うからスムーズで、交差点近くはスピードを落とすから安全でした。驚きましたよ」

兵庫県の人からこんな話も聞いた。

「震災後の仮設住居地では、障害のある人も時間がかかってもできることは自分でしていたんだけど、復興がすすむにつれて施設に入ると、また「障害者」に戻ってしまったのよ。しかも障害がある人もない人も年齢も関係なく、役割とかではなく自然に助け合って、一人ひとりができることをするという、当たり前のことが当たり前のようにできていたんだけどね。何がいいんだかね」

♥人間力を失わせる介護力

自動車が増え、道路が整備され、僕らの生活は確かに便利になり、豊かになった気がする。交通量が増えたことで事故も増え、信号機のついた交差点も増えた。確かに安全になった気もする。でもその分だけ、いや、それ以上に「人間としての豊かさ」を失ったことも多いように感じる。

婆さんの世界にも同じようなことが言え、職員が介在することで失っていく婆さんたちの人間力を感じている。

以前のグループホームに勤めていたときのことだが、横浜国立大学の学生たちが取り組んだ研究で、職員の介在による功罪を垣間見る結果が出た。

婆さん同士の関係性を調査したものだが、婆さんたちの中に職員が介在すると、職員対婆さんの関係が多くなり、婆さん対婆さんの関係が少なく、婆さんの口数が減り互いに手助けし合うような場面が少ない。逆に、職員が介在しないときは、婆さん同士がよく会話し助け合う言動が増えるというのだ。

あわせて外出では、職員が一緒に付いて歩くとひたすら歩くという感じで、婆さん同士だと、歩きながら自然に周囲のことに目をやり、たとえば花壇を見つけて足を止め、そのことで会話が増えたりするなど、互いの関係性が強まるとの結果であった。

もちろん、婆さんの状態によっても違うことはいうまでもないが、都内3か所のグループホームで行った調査では同様の結果が出た。

また現在、広島県のある老人保健施設にかかわり、厚生労働省の研究事業を現場の人たちと一緒に展開させてもらっているが、ここでもまた同様の結果がみられている。

双方向の人間力は人間の豊かさ

介護とは手助け。

介護を手助けに置き換えると、介護のイメージは一変する。転んだ人に手を貸したとき、転んだ人から「介護してくれてありがとう」とは言われないし、介護してもらったとも思ってないだろう。助けた自分も、介護したとは思わない。

まさに、手助けは双方向の人間力関係である。

「あなた作る人、わたし食べる人」のように、介護が「介護する・される」の一方通行関係を固定化するようなことになっては、人が生きることを支援するとはいえない。

2001年、テレビ朝日系「ニューステーション」でグループホームこもれびのことを放映してもらったが、その中にこんな場面がある。

梅田さん・御苑さんの2人と僕が、スーパーへ買い物に行く。僕は、スーパーに入るなり理由をつけて2人から離れて、見守りの体制につく。2人はあらかじめ紙に書かれた購入物を捜し歩くことになるが、卵を買って、野菜売り場へとたどり着いた。

梅田さんが陳列された男爵芋を見て「男爵芋だ」と手を伸ばすと、すかさず傍らの御苑さんから「今日は買うあれ（予定）はないの」と止められてしまう。聞いた梅田さんも負けてはいない。「なんなら（それなら）黙って買えばいいじゃない」と反撃するが、また御苑さんから「ここに（紙に）書いてないから買えないの！」と駄目押しを食らい、梅田さんは「あ、そう」と仏頂面で引き下がる、といった場面だ。

こうして2人だけの買い物ができるようになるまでには、試行錯誤を繰り返しながら、入居して半年以上かかったが、これも、婆さん同士で助け合いながら買い物をするという姿を僕らが描いて、それができるようにするためにはどうすればよいのかという試みがなければ、こうはいかない。

僕らの専門性は、身体能力や知的能力の低下等によって生活の障害をもっても、僕らが支援することによって、誰もが備えている人間力を大いに発揮してもらい、互いに助け合って生きる人間の生活を最期まで送れるようにすることではないだろうか。

職員が物理的に寄り添えばいいというものではない。かかわればいいというものでもない。

認知症は何もかも失った状態ではない。婆さんは人間力を何十年も蓄えてきた、ベテラン人間なのである。その人間力を信じることから人間の関係は始まるのだ。

婆さんに学び、婆さんに還す

教えて……何でや……どないしたんやな

ある婆さんがグループホームに入居申し込みをしてきた。申込用紙と一緒に、入居中のグループホームから情報提供書（事前情報）が送られてきたので読むと、徘徊・介護への抵抗・昼夜逆転・大声を出す・暴力暴言・異食あり。読めば読むほど「もう人じゃない」とでも言いたげである。

事情があって家族には会ったが、婆さんには会わないまま入居を決定。どんな婆さん（人じゃない？）がやってくるのか、とても楽しみに待っていた。

入居当日、彼女は先方のグループホーム職員に昔流行したキョンシーのように両手を高くかざされ、「アーッ」という甲高い叫び声と意味不明な言葉を大声で吐きながらやってきた。目が不自由なこともあり、大興奮の混乱状態である。

「久しぶりやな、こんなに壊れた婆さん見るのは。それにしても誰がこんな姿に変えてしもうたんや」

ワクワクの中にも怒りが渦巻く。

「どないしたんやな。あんた生まれたときからそんなんやなかったやろ。ここにくるまでに何があったん。僕でよかったら、教えてーな。知りたいわ」

そんな気持ちを抱き、声をかけるでもなく触れるでもなく、彼女の居室を目指し僕がガードレールのように付き添った。婆さんは手すりにしっかりつかまり大声で叫びながらゆっくりと歩き、やがて居室に着いた。

職員には、居室に置いてある布団を部屋の隅っこに置きなおすように指示。ビデオも撮らせた。居室に誘導したのは、他の入居者との関係から。ビデオを撮らせたのは家族に見てもらうためだ。

僕は居室に入るなりいきなり後方から抱きついて彼女を床に無理矢理座らせた。そのほうが安全だからだ。当たり前のことだが、彼女はとても怖かったようで再び大混乱。彼女は四つん這いで大声でわめきながら部屋の隅っこに移動し、やがて布団の上に座り込んだ。

「やったー。作戦大成功!」

二足歩行よりも四つん這い。四つん這いよりも着座のほうが人は動かない。動かないからかかわりを深めやすい。僕は彼女の横に座った。座った途端に気配を感じたのか、今度は僕のことをバシバシと叩き始めたのだ。

彼女にとって僕はまだ敵なのである。

♥響き合わせ

「いくらでも叩いていいで。教えて、何があったんや。僕に教えてーな」

心の中でそう思いながら、頭の中では「わけ」を探していた。彼女に関する情報は「もう人じゃない」くらいのものしかない中で、家族の話などを思い返しながら僕なりにいくつもの「わけ」を推理立て、その中から「これかもしれない」を見つけ出し、タイミングを見計らって、彼女に対して大きな声で響き合わせてみた。

「○○さーん。あんなー、昨日あんたの娘さんに会ったでー」

すると彼女は、僕の響き合わせに対して「むすめー」って大声で叫ぶように応えてくれた。響き合ったのだ。

「そうや、あんたの娘はええ娘やなー。あんたのこと、ほんまに心配してたでー」

「しんぱーい……」

今度は大声でなく、叫ぶでなく、叩くでもなく、かすれたほどの小声でそうつぶやき、泣きべそのような表情で僕を見つめながら、僕の腕に自分の手を絡ませてきた。

僕の推理が当たっていたかどうかはわからないが、彼女の心の中に響いたのだろう。混乱・興奮は収束した。

次に僕は、歌を一緒に歌えないかなと考え、いくつかの歌の中から「ふるさと」を選んで、ゆっくり口ずさんだ。すると、彼女も一緒に口ずさんでくれたのだ。

人が人を観察する……⁉

福祉の世界でよく「観察が大事」っていわれるが、人が人を観察するなんていう失礼なことがまかり通っていていいのだろうか。朝顔じゃあるまいし、婆さんに「あんたのこと観察させてな」とは、間違っても言えない。

僕は、「観察とはあるがままの状態をみること」と理解している。これは僕の憶測だが、福祉の世界に観察を持ち込んだのは医療職ではないか。医療現場で観察というのなら理解できるからだ。

医師が患者の傷病等に対して診断を下し、処置をする。その処置を看護師等が経過観察中に勝手に修正したら、その処置が正しかったかどうかわからなくなってしまう。だからこそ、「自然にあるがままの状態をよく見る＝観察」が大事なのであり、専門職としての観察眼が求められる。これなら理解できる。

ところが人の全体像を知ろうとするときに、観察からわかることなんてたかが知れている。その人がどんな人で、何ができて何ができないか、何を思い、何を考え、どうしたいのかなど、観察では知り得ないことだらけだ。

だからこそ人間は、他人に自分を伝え、他人のことを知るために、長い歴史の中で「伝達＝コミュニケーション」の技を磨いてきたのではないか。しかも、その技として「言葉」だけを身につけてきたわけではない。

♥知り「たいの追求」

追求とは限りないもの。

その人のことを知りたいと思うことに始まって、果てしなく答えのないものを追いかけていく。人間は変化する生き物であればこそ、知り尽くすなんていうことには至らないわけで、知り続けることになる。

専門職が、人が生きていくことを支援する職人であるとするなら、僕らはその人のことを知らなくては支援できないわけで、知るための技をいっぱい身につけていかなければならない。

その技を教えてくれるのは、まさに目の前にいる婆さんその人であり、婆さんから学んだことは婆さんに還す。それがヒト600万年800万年の歴史ではないか……。

当たり前定規を持ちたい

「おしっこ飲める人?」

看護学生たちに聞いてみた。反応は「……」。みんなクスクス笑っていた。ではもう一つ質問。

「舌と舌を絡ませてキスをしている人?」

今度はみんな大笑い。手こそパラパラとしか挙げないが、みんなやっている(?)様子だった。

おしっこを飲めるか? なんて聞くほうが野暮で、ディープキスをしない人?って聞くほうが野暮である。そのどちらも学生たちにとっては「当たり前」のことなのだ。でも、その当たり前のことに落とし穴がありはしないか。おしっこはとてもきれいな液体、舌は雑菌の巣だという、看護学生として習う「当たり前」が抜け落ちるのである。

♥見方を変えれば……

日常生活の場面でもよく出くわす。

たとえば、おしっこに行く前に手洗いする人は見かけない。特に男性の場合でいえば、どんなに潔癖な人でも雑菌だらけの手で「大事な大事なもの」を平気で触って排泄し、その後手洗いする人が大半だ。

他人と一緒に食事をする場面でよく見かける光景では、他人も口にする食物に箸をつける場合は、箸をひっくり返して使う人が多い。これは、他人も手をつける食物を食べるにあたって、自分の口をつけた箸の先が他人も食べる食物に触れないようにするためと思われる(真意はわからないが)。

しかし箸が、雑菌だらけの手で食物に直接触れないようにするための道具だとしたら、箸をひっくり返して使うなんていうのは、本末転倒になってしまう。なぜなら、箸を使ってものを食べているときに、その箸の上部(口をつけない部分)に雑菌だらけの手が触れないように気遣っている人は見かけないからである。

つまり、「当たり前」のことのように行っていることが、見方を変えると「おかしなこと」になるというわけだ。

♥「家に帰ります」は当たり前のことじゃないの⁉

僕らは子供の頃、おかあちゃんから「あんたな、暗くなったら隣の家に帰っておいでや」とは教わらない。必ず自宅に帰ってくるように教わる。

僕らの生活は、自宅を拠点にしてさまざまな活動を行っているが、自宅を出るのは、出るに値する「意味や目的」があってのことだ。だからこそ自宅以外の場所にいて、その意味や目的が終われば、自宅に戻るのは「当たり前」のことである。

認知症になっても同じことで、デイサービスでも老人ホームでも、そこにいる意味や目的がなくなれば「家に帰ります」となるのは当たり前のこと。にもかかわらず「帰宅欲求・帰宅願望」なんて言われ方をする。

だいたい友だち同士で飲みに行って先に帰るヤツに「あいつ帰宅欲求か」なんて言わないし、思いもしない。誰もが自然に自宅に戻っていき、戻ることを「当たり前」のことと考えているから、欲求や願望とは言わない。つまり自宅に帰る＝帰宅は「当たり前」のことであって、帰宅欲求や帰宅願望なんていう言葉のほうが「おかしな言葉」である。

しかももっと許せないのは、「家に帰る・帰りたい」という極めて人として当たり前のことを、精神症状だ・行動異常だ・問題行動だとわめいている専門職の「異常ぶり」である。

♥「問題行動」という印籠

帰宅欲求なんていうのは氷山の一角だ。

子供の頃から「嫌なことをされたら抵抗しなさい」って教わってきた。大きく言えば、他国から攻撃されたら自衛するのは当たり前のこと。ただ黙ってなすがまま、なんていうふうに思っている人はいないだろう。理解のないままにパンツを脱がされそうになって抵抗しない人はいないだろう。嫌なことをされたら抵抗するのも当たり前のことだ。

婆さんだって、自分にとって承知していないことをされたら抵抗するのは当たり前。しかも、脱がされるとか触られるとかに抵抗感が強いのも当たり前である。

「濡れちゃったから着替えましょうか」

「うん」

といったんは承知したとしても、パンツに手をかけた瞬間に「何するんや、このー……」とバンバンバンと叩かれたりすることがあっても、認知症では、理解や理解の継続が難しくなるわけで、婆さんの抵抗行動は極めて「当たり前」のことだ。

こうした婆さんにとって極めて「人として当たり前のこと」が、この世界では当たり前じゃなくなり、むしろ逆に問題だとされてしまっているのだ。しかも、お上が専門職に「問題行動」という印籠を渡したため、印籠さえ出せば誰もが平伏すと思い込んでいる専門職を乱造してしまったのだ。

婆さんが「帰る」と言う↓認知症からくる症状で「帰宅欲求」という↓帰りたい一心で施設内を歩いている↓それを「徘徊」という（目的もなく歩き回る行為）↓それは精神症状や行動異常と言われるものである＝「問題行動」だ↓施設を施錠して出られないようにする…（いやー怖いねー。そう思わへん？）。

人として当たり前、脳が壊れていればそうなるのも当たり前。この状況下では当たり前、そんな「当たり前定規」を持ちたいものだ。

それが共有できるようになれば、なおいい。

“安心して”認知症になれる?

壊れること修理すること

人は誰もが壊れる。

どんなにお金持ちでも、どんな肩書きをもっていても、若かろうが年寄りだろうが、壊れたいと願っていなくても、自分の意思とは無関係に壊れてしまうのだ。

人は長い歴史の中で、壊れることに気づき、修理する技を身につけてきた。アマゾンのある部族の長老が「まだ死ねない。なぜなら次の人（次世代）にこれ（薬草）のすべてを伝えていないから。伝えきらないと、わが部族は滅びてしまうのだ」とテレビ番組で語っていた。どこの地でも「かたちは変われど修理する技」を獲得し、遺伝子をつないできたのだろう。

僕らの国では、いつ・どこで・どんなかたちで壊れても、修理が受けられる仕組みを整えてきた。国民皆保険制度・医療の仕組みだ。東京の人が沖縄で壊れても、夜中であれ正月であれ、修理工場にかかれる仕組みである。国民はこの仕組みのおかげで、いつ壊れるかわからないという恐怖心や、壊れることを危惧するあまり何もできなくなるといった萎縮から解放されていられるのだ。

事故があとを絶たないのに車にも自転車にも乗り、がんになる確率が高いといわれつつタバコも吸い、生活習慣病が叫ばれながらも好きに生きようとする。修理工場があればこそであり、ありがたい仕組みである。

ところが認知症という状態になると、この仕組みから拒まれる現実がある。修理工場にかからせてもらえないのだ。あるいは修理しに行ったはずなのに、違うところが壊れて戻ってくる、といったことが起きている。認知症という状態にある人を支えている人たちなら、大なり小なり経験するこの国の現実である。

♥「どんとこい!」と言って

全国で推定170万人ともいわれている認知症という状態にある人。何と総人口の70人に1人の割合である。誰も認知症になりたくてなるわけではない。なりたくないと思っているあなたが、わたしがなっていくのだ。しかも不可避である。

僕ら「福祉」と呼ばれる分野にいる者は、たとえ認知症になっても、最期まで「人の生きる姿」から離さないようにするためにはどうしたらよいかを考え、それを実践する、人として生きることを支援する専門職である。

認知症になっても、どうしたら自分のことを自分でするということが維持できるか、取り戻せるか、どうしたら人と人とが関係性を織り成し合いながら生きていけるか、どうしたら社会とつながって生きていけるか。そんな当たり前の「人の生きている姿」を追求していくことを専門とする職人である。

認知症について非常に高い見識をもっている専門医から、「もうこの人の状態ではグループホームでは無理でしょ。でもあなた方ならできるかもしれない。やるんでしょ。応援しますよ。何でも言ってきてください」と応援メッセージをもらった。

その婆さんはグループホームという生活支援策のある場で、他の入居者（8人）に何かと言われながらも関係性をもち（もてるように支援を受け）、他者に助けてもらいながら共同生活を営み（営むことができるように支援を受け）、買い物にも散歩にも行き（行けるように支援を受け）、社会とつながって生きている。

他者の部屋に勝手に入ったり手を振りかざしたりと迷惑をかけても、同じことを何度も繰り返すなど他者から見ればおかしな行動があっても、そこの職員たちはその婆さんを決して他者と切り離したり、箱（施設や居室）の中に閉じ込めたりはしない。そうしないためにはどうしたらよいかをまずは考え、実践する。自分たちだけではわからないことは、他の専門職に知恵も力も借りる。

まさにこの婆さんは、生活支援と修理工場がピタッと一致したことで、今の生きる姿を維持することができているのである。

老人性認知症疾患治療病棟に入院していた婆さんも、グループホームという場に移って1年。鍵をかけられた〝箱〟の中だけで生きていた姿から、自分1人でふらっと町へ出かけ、好きなものを買って帰ってくることができるようになった。ここの職員たちは、施設から出ることを問題視なんかしない。出ては同じものを買って帰ることへの支援をどうすればよいか、知恵をひねっているのだ。

老人性認知症疾患治療病棟には、医師・看護師・理学療法士など専門職だらけ。グループホームには、昨日までは「ただのおばちゃん」など素人だらけ。でも、目前の婆さんの生きる姿は、素人の前にいるほうが、よほど人の生きている姿に近い。

♥認知症でも「人として生きられる」社会へ

医療現場の厳しい実態は心得ているつもりではある。認知症という状態にある人が安心して修理工場にかかれないのは、工場の従業員の責任ではなく、工場の仕組みをつくっている人たちに原因があるのかもしれない。

でも、本当にそう言いきれるだろうか。そう言いきれるぐらい、「ではどうすれば、認知症という状態になっても適切な医療を受けられる場にすることができるか」ということまで考えているだろうか。そのために世の中に何か発信しているのだろうか。できることから着手しているだろうか。

せめて安心して認知症になれる社会のあり様をともに考える立場から、エールを贈りたい。

追求を！

あとがき

婆さんに関係する仕事をはじめて20年経ちました。僕にとって２００７年は「婆さん20周年記念」の年でもありました。

その記念すべき年に、中央法規出版が立ち上げた介護・福祉の応援サイト「けあサポ」に連載させていただき、脳を文字に換えてきました。

「毎週毎週言いたいことなんか出てくるやろか」と思っていましたが、予想通り頭がストップ・拒否することもありました。

それはそれで、本気で考えた挙げ句にストップしている様《さま》なのですが、掲載への督促は編集者から容赦なくくるし（笑）、苦し紛れに自分自身のことを書くと「今回はブログっぽい」なんて思いもしない言葉をいただき、「そうかぁ大事なことは、何でもいいから僕の脳を文字に起こす。姿にすることなんや」と開き直りながらの連載でした（今も続いていますが）。

そんなこんな「けあサポ」の記事が１冊の本になりました。併せて、日本看護協会出版会のご協力を得て雑誌「コミュニティケア」で２００４年から06年まで連載させていただいた記事や、「東芝けあコミュニティ」で連載させていただいた記事も掲載させていただくことができました。ありがとうございます。

また各地で尽力している皆さんから寄せられたブログへのコメントは「響き合いの妙」を産み出し、僕の〝脳姿〟をステキにしてくれています。

僕は１００年以上の歴史をもつ日本国有鉄道（国鉄）が解体された年に転身してきましたが、その頃に思ったことは、「この世界はこれからの世界、そこに〝やり甲斐〟がもてるのではないか。自分たち自身で歴史を切り拓いていける、積み上げていける」ということでした。

それから20年。婆さんを取り巻く状況は大きく変わってきました。いや自然発生的に変わってきたのではなく、力を加えて変えてきたんだと思います。

何が変わったのでしょうか。それは僕流に言えば、身体に障害をもっても、認知症という状態になっても、要介護状態になっても、人が人でなくなったわけではないという捉え方をする人が増えてきた。そのことによって、20年前よりも「一般的な人の姿」で生きている婆さんが増えてきたということです。

どんな力が加わったのでしょうか。それは僕にもわかりませんが、僕流に言えば「専門職の力」に「人の力」が加わったのではないかと思っています。今までは、医師・看護師・療法士・介護福祉士などの関係専門職種が「特別な人への専門の視点」で考えていたように思うのですが、それが「入口は人の視点」でという考え方が広がり、その力が大きくなり働き出したのではないかと思うんです。

そしてこれからは…

まだまだ認知症になると「丸ごと認知症ケアパック」の中で考えられている〝わが国認知症事情〟ですが、僕は「生きること支援潜心国」を目指して尽力していきたいと考えているし、仲間をたくさん増やしていければいいなと思っています。

最後に、容赦ない督促をいただいた中央法規出版の平林敦史さん、コミカルなイラストを描いていただいた吉村百代さんに加え、ブログ記事に協力していただいた日本中の皆さんに感謝申し上げます。

また、僕の活動を根っこから支えてくれている所属会社（株）大起エンゼルヘルプの小林由憲社長をはじめ、職員、利用者、ご家族のお力添えがあればこそです。ありがとうございました。

初出

「ばかげたことする人 その『扱い』」♥「東芝けあコミュニティ」http://care.toshiba.co.jp/care/

「いのち架け」♥社会福祉法人桐鈴会（新潟県南魚沼市）会報誌「桐鈴凛々」

「パーキンソン病のお陰」♥日本看護協会出版会『コミュニティケア』２００４年５月号

「活きた寝たきりにしような」♥同２００４年８月号

「〝専門職〟は何をなすべきか」♥同２００４年11月号

「もったいない人間力の廃用」♥同２００５年２月号

「婆さんに学び、婆さんに還す」♥同２００５年８月号

「当たり前定規を持ちたい」♥同２００５年11月号

「〝安心して〟認知症になれる？」♥同２００６年２月号

そのほか♥介護・福祉の応援サイト「けあサポ」http://www.caresapo.jp

和田行男

わだゆきお。高知県生まれ。１９８７年、国鉄の電車修理工から福祉の世界へ大転身。特別養護老人ホームなどを経験したのち99年、東京都で初めてとなる「グループホームこもれび」の施設長に。

現在は（株）大起エンゼルヘルプでグループホーム・デイサービス・ショートステイ・特定施設・小規模多機能居宅介護を統括。

２００３年に書き下ろした『大逆転の痴呆ケア』（中央法規）が大ブレイク。

介護・福祉の応援サイト「けあサポ」（http://www.caresapo.jp）のブログ「和田行男の婆さんとともに」も好評。

認知症になる僕たちへ

2008年2月20日初版発行
2012年7月20日初版第3刷発行

著者♥和田行男

発行者♥荘村明彦

発行所♥中央法規出版株式会社
〒151-0053 東京都渋谷区代々木2-27-4
販売♥TEL03-3379-3861 FAX03-5358-3719
編集♥TEL03-3379-3784 FAX03-5358-7855
http://www.chuohoki.co.jp
Eメール♥reader@chuohoki.co.jp

印刷・製本♥大日本印刷株式会社

ISBN978-4-8058-2973-8
落丁本、乱丁本はお取替えいたします。
定価はカバーに表示してあります。